Dinâmica comportamental no setor público

COLEÇÃO PRÁTICAS DE GESTÃO

Série
Gestão pública

Dinâmica comportamental no setor público

Gustavo Andrey de A. L. Fernandes

Copyright © Gustavo Andrey de A. L. Fernandes

Direitos desta edição reservados à
Editora FGV
Rua Jornalista Orlando Dantas, 37
22231-010 | Rio de Janeiro, RJ | Brasil
Tels.: 0800-021-7777 | 21-3799-4427
Fax: 21-3799-4430
editora@fgv.br | pedidoseditora@fgv.br
www.fgv.br/editora

Impresso no Brasil | *Printed in Brazil*

Todos os direitos reservados. A reprodução não autorizada desta publicação, no todo ou em parte, constitui violação do copyright (Lei nº 9.610/98).

Os conceitos emitidos neste livro são de inteira responsabilidade do(s) autor(es).

Revisão de originais: Natalie Lima
Projeto gráfico: Flavio Peralta / Estudio O.L.M.
Diagramação: Mari Taboada
Revisão: Aleidis Beltran e Laura Zúñiga
Capa: aspecto:design
Imagem da capa: © Andrzej Tokarski | Dreamstime.com

Ficha catalográfica elaborada pela
Biblioteca Mario Henrique Simonsen/FGV

Fernandes, Gustavo Andrey de A. L.

   Dinâmica comportamental no setor público / Gustavo Andrey de A. L. Fernandes. – Rio de Janeiro : Editora FGV, 2014.
   120 p. – (Práticas de gestão)

   Inclui bibliografia.
   ISBN: 978-85-225-1469-4

   1. Organizações públicas. 2. Comportamento organizacional. 3. Motivação no trabalho. 4. Processo decisório. 5. Liderança. 6. Poder (Ciências sociais). I. Fundação Getulio Vargas. II. Título. III. Série.

                                                              CDD – 352.367

Sumário

Apresentação 7

Capítulo 1. Sobre organizações públicas, comportamento e motivação . . 9

Fundamentos do comportamento organizacional 9
Organizações públicas e organizações privadas 13
As organizações públicas 16
Motivação: dos conceitos às aplicações no setor público 21
As teorias da motivação 23
Motivações específicas 33
Motivação e produtividade 36
Implicações para as organizações públicas 42

Capítulo 2. O processo de tomada de decisão e a importância da comunicação 47

Planejamento e modelo de decisão racional 49
O modelo incrementalista 52
A organização e o homem administrativo 55
O modelo do equilíbrio pontuado 57
Comunicação 59

Capítulo 3. Liderança, poder, política e confiança nas organizações públicas . 69

Poder e processo decisório 78
O poder como estrutura e controle sobre as decisões 81
O poder como veto à tomada de decisão 83
A terceira dimensão do poder 85

Capítulo 4. Os recursos de poder das organizações públicas 89

Recursos externos 91
Recursos internos 94
Estudos sobre implementação 97
Representação externa da organização 100

Bibliografia 109

Sobre o autor 119

Apresentação

A Fundação Getulio Vargas (FGV) foi fundada em 1944 com o objetivo de contribuir para o desenvolvimento do Brasil, por meio da criação e da difusão de técnicas e ferramentas de gestão. Em sintonia com esse objetivo, em 1952, a FGV, comprometida com a mudança nos padrões administrativos do setor público, criou a Escola Brasileira de Administração Pública (Ebap). Em seus mais de 60 anos de atuação, a Ebap desenvolveu competências também na área de administração de empresas, o que fez com que seu nome mudasse para Escola Brasileira de Administração Pública e de Empresas (Ebape).

A partir de 1990, a FGV se especializou na educação continuada de executivos, consolidando-se como líder no mercado de formação gerencial no país, tanto em termos de qualidade quanto em abrangência geográfica dos serviços prestados. Ao se fazer presente em mais de 100 cidades no Brasil, por meio do Instituto de Desenvolvimento Educacional (IDE), a FGV se tornou um relevante canal de difusão de conhecimentos, com papel marcante no desenvolvimento nacional.

Nesse contexto, a Ebape, centro de excelência na produção de conhecimentos na área de administração, em parceria com o programa de educação a distância da FGV (FGV Online), tem possibilitado que o conhecimento chegue aos mais distantes lugares, atendendo à sociedade, a executivos e a empreendedores, assim como a universidades corporativas, com projetos que envolvem diversas soluções de educação para essa modalidade de ensino, de e-learning à TV via satélite.

A Ebape, em 2007, inovou mais uma vez ao ofertar o primeiro curso de graduação a distância da FGV, o Curso Superior em Tecnologia em Processos Gerenciais, o qual, em 2011, obteve o selo CEL (teChnology-Enhanced Learning Accreditation) da European Foundation for Management Development (EFMD), certificação internacional baseada em uma série de indicadores de qualidade. Hoje, esse é o único curso de graduação a distância no mundo a ter sido certificado pela EFMD-CEL. Em 2012, o portfólio de cursos Superiores de Tecnologia a distância diplomados pela Ebape aumentou significativamente, incluindo áreas como gestão comercial, gestão financeira, gestão pública e marketing.

Cientes da relevância dos materiais e dos recursos multimídia para esses cursos, a Ebape e o FGV Online desenvolveram os livros que compõem a Coleção Práticas de Gestão com o objetivo de oferecer ao estudante – e a outros possíveis leitores – conteúdos de qualidade na área de administração. A coleção foi elaborada com a consciência de que seus volumes ajudarão o leitor a responder, com mais segurança, às mudanças tecnológicas e sociais de nosso tempo, bem como às suas necessidades e expectativas profissionais.

Flavio Carvalho de Vasconcelos
FGV/Ebape
Diretor

Capítulo 1

Sobre organizações públicas, comportamento e motivação

O objetivo deste capítulo é apresentar uma breve introdução ao estudo do comportamento organizacional no setor público. Discutiremos também a natureza das organizações públicas e a importância da motivação no trabalho, focando as teorias de motivação e suas implicações para as organizações públicas.

Fundamentos do comportamento organizacional

Para entender o comportamento organizacional dentro do setor público, é preciso considerar a existência de duas perspectivas principais para a análise da estrutura e do comportamento de uma organização: uma no nível micro, centrada nos indivíduos, e outra no âmbito macro, que tem como unidade de análise a própria organização (Vasu, Stewart e Garson, 1998).

Na abordagem micro, denominada "comportamento organizacional", a análise do fenômeno organizacional se dá a partir do comportamento dos indivíduos que compõem as organizações. O comportamento organizacional é, portanto, o campo de estudo que foca a conduta, as atitudes e as performances dos indivíduos dentro da organização.

Já no âmbito macro, denominado "teoria organizacional", as organizações são analisadas como a própria unidade básica. A teoria organizacional é, portanto, um campo de estudo que busca compreender e prever os resultados organizacionais. De acordo com a teoria

> **MICHAEL L. VASU**
>
> Professor e pesquisador. Formado em planejamento da cidade pela San Diego State University, bacharel em administração pública e estudos urbanos pela San Diego State University, PhD em ciências políticas pela Southern Illinois University-Carbondale, pós-doutor pela University of North Carolina-Chapel Hill. Pesquisador associado do Instituto de Investigação em Ciências Sociais, na University of North Carolina-Chapel Hill. Pesquisador na American National Planning Study. Autor de *Politics and planning* e coautor de *Organizational behavior and public management*.

DEBRA W. STEWART

Presidente do Council of Graduate Schools (CGS). Foi reitora do Graduate School na North Carolina State University. Bacharel em filosofia e ciências políticas pela Marquette University, PhD em ciências políticas pela University of North Carolina, mestre pela University of Maryland. Coautora do livro *Organizational behavior and public management*.

G. DAVID GARSON

Professor e pesquisador. Graduado em ciências políticas pela Princeton University e doutor em governo pela Harvard University. Professor titular de administração pública na North Carolina State University. Ganhador do Prêmio Donald Campbell, da organização de estudos de política, do American Political Science Association, por excelentes contribuições para a metodologia de pesquisa política, e do Book Award Aaron Wildavsky, da mesma organização. Autor de diversos livros, entre eles *Computers in public employee relations* e *Public information technology and e-governance: managing the virtual state*.

organizacional, a organização possui duas tarefas que são aparentemente contraditórias: de um lado, deve diferenciar sua atividade em partes ou tarefas separadas; e de outro, deve integrar-se para se tornar efetiva e atingir os resultados almejados.

Por sua vez, a teoria organizacional, cuja unidade de análise é a própria organização, procura descrever, comparar e avaliar as organizações em âmbito macro; para isso, embasa-se em um conjunto coerente e inter-relacionado de definições e proposições sobre o fenômeno organizacional.

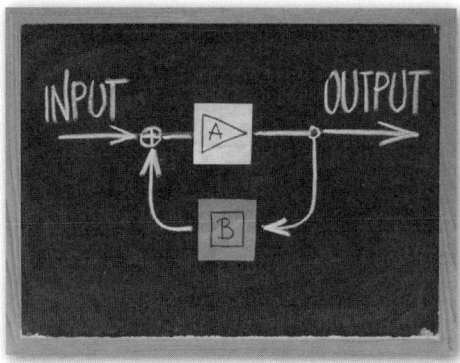

A divisão de trabalho é necessária para se alcançar uma maior eficiência, isto é, produzir os *outputs* organizacionais com menos *inputs*. Já a integração é necessária para a execução de modo coerente das distintas tarefas, garantindo, assim, efetividade. Essa tensão existente entre a diferenciação das tarefas e a integração em um conjunto único de todo trabalho especializado é inerente a todas as organizações.

SOBRE ORGANIZAÇÕES PÚBLICAS, COMPORTAMENTO E MOTIVAÇÃO | **11**

MAS, AFINAL, O QUE É UMA ORGANIZAÇÃO?

O termo organização é apenas um constructo ou uma abstração linguística, tal como o termo democracia. Os constructos são termos que buscam representar generalidades baseadas na observação de comportamentos específicos. Dentro dessa acepção, organização é um termo empregado para descrever um fenômeno que ocorre entre indivíduos que se juntam para alcançar um objetivo comum.

Para Chester Barnard (1938:73), uma organização formal é "um sistema de atividades ou forças coordenadas, conscientemente, por duas ou mais pessoas".

Daniel Katz e Robert Kahn (1978:20) definem que organizações são "atividades padronizadas interdependentes de um número de indivíduos com o objetivo de atingir um *output* ou resultado comum". As atividades são repetidas com relativa frequência e delimitadas pelo espaço e também pelo tempo.

Dwight Waldo (1955:6) observa uma organização como "estrutura de interações pessoais, habituais e impositivas dentro de um sistema administrativo".

O elemento central de uma organização são os indivíduos que trabalham isoladamente ou em grupos em busca de um objetivo que opera dentro de um sistema, com fronteiras reconhecidas por todos (Vasu, Stewart e Garson, 1998:3).

CHESTER BARNARD

Teórico nascido em 1886, faleceu em 1961. Foi gestor na companhia de telefones Bell durante 40 anos, tornando-se, mais tarde, presidente. Foi um dos primeiros a estudar os processos de tomada de decisão, os tipos de relações entre as organizações formais e informais e o papel e as funções do executivo. Considerava as empresas como instrumentos mais eficazes para o progresso social do que o Estado ou as igrejas. Estas seriam baseadas na autoridade formal e as empresas regidas pela cooperação entre indivíduos ligados por uma causa comum. Analisou questões como liderança, cultura e valores, 30 anos antes de o mundo empresarial perceber sua existência.

DANIEL S. KATZ

Membro sênior do Instituto de Computação da University of Chicago e Argonne National Laboratory, diretor do Programa do Office of Cyberinfrastructure, na National Science Foundation. Professor associado do Departamento de Engenharia Elétrica e de Computação na Louisiana State University. Diretor assistente da Scientific Computing Systems and Software no Centro de Computação e Tecnologia. Formado pela College of Education and Human Services, pela The Johns Hopkins University, pelo Dartmouth College. Cursou engenharia elétrica pela Northwestern University e é PhD pela Michigan State University. Entre suas publicações estão *The montage architecture for grid-enabled science processing of large, distributed datasets* e *Ocean modeling and visualization on a massively parallel computer*.

ROBERT L. KAHN

Robert L. Kahn nasceu em Detroit, em 1918. Graduou-se na Central High School, em 1935. No outono do mesmo ano, entrou para Michigan, com intenção de estudar medicina ou odontologia, mas a falta de recursos acabou por interferir na escolha acadêmica. Tal caminho culminou com o título de PhD, em 1952, em psicologia social. Reconhecido e premiado, é autor de várias obras, com destaque para *The social psychology of organizations*, que escreveu com Daniel Katz.

DWIGHT WALDO

Cientista político norte-americano e especialista em administração pública. Reconhecido por suas contribuições para a teoria do governo burocrático. Bacharel em teoria política pela Nebraska State Teachers College, mestre pela University of Nebraska e doutor pela Yale.

Professor na Syracuse University. Lecionou na University of California. Foi editor-chefe da *Public Administration Review* e presidente da National Association of Schools of Public Affairs and Administration. Publicou *The study of public administration* e *Perspectives on administration*.

Organizações públicas e organizações privadas

> As organizações públicas são criadas ou autorizadas por norma estatal, geralmente uma lei, que outorga a elas competências para gerenciar atividades de interesse do Estado, sustentando-se a partir de recursos do orçamento público, podendo assim ser caracterizadas como organizações que estão "fora do mercado", uma vez que sua existência não depende de sua capacidade de sobreviver a partir de relações econômicas. Distinguem-se assim daquelas instituições cuja manutenção depende da capacidade de adaptação às leis de oferta e demanda.

As organizações públicas e as privadas são diferentes em seus objetivos primários; enquanto as organizações privadas, as firmas, buscam maximizar lucros para sobreviver dentro do mercado, as organizações públicas são capacitadas através da legislação e mantidas com recursos do sistema político.

Devido à responsabilidade de administrar perante o corpo político, as organizações públicas são uma espécie de braço executor das tarefas governamentais, e, indiretamente, são uma peça da engrenagem que compõe o sistema político.

Anthony Downs (1967) conceitua a diferença entre organizações públicas e privadas por meio dos diferentes constrangimentos que o mercado impõe a cada uma delas. Segundo Downs, as organizações privadas precisam garantir os insumos (*inputs*) escassos com os quais produzem os seus *outputs*, apresentar-se nos mercados para vendê-los e transformá-los em receita e lucro. Apenas quando conseguem obter lucros é que podem continuar adquirindo os *inputs* necessários para a produção de mais *outputs*, pois é justamente desse modo que vão sobrevivendo ao longo do tempo.

> **ANTHONY DOWNS**
>
> Membro da Brookings Institution em Washington, D.C. – uma organização privada sem fins lucrativos especializada em estudos de políticas públicas –, onde está desde 1977, e membro visitante na Public Policy Institute of California. Tem servido como consultor para muitas corporações, incontáveis agências governamentais e muitas instituições privadas. É PhD em economia pela Stanford University. Autor e coautor de 24 livros e mais de 500 artigos.

ORGANIZAÇÕES PRIVADAS

Garantir insumos (*inputs*) escassos → Produzir *outputs* → Vendê-los em mercados → Transformá-los em receita e lucro

Essa característica dual das organizações privadas fornece uma importante métrica funcional com a qual se mensura a produtividade organizacional, pois o *output* só é válido do ponto de vista mercadológico quando o preço cobrado pela sua venda é superior ao custo dos *inputs* necessários para produzi-lo. Ou seja, no mercado, o *output* organizacional só é válido quando é capaz de produzir lucros para a organização privada. Só sobrevivem no mercado as instituições privadas que conseguem atender a essa lógica, pois, se não conseguem transformar sua produção em lucro por um período de tempo relevante, correm grande risco de deixar de existir.

As organizações públicas não enfrentam esse tipo de constrangimento, pois não necessitam da exposição ao mercado que compele as firmas à produção de lucros. O constrangimento principal à produção dos seus *outputs* organizacionais refere-se apenas à obtenção dos *inputs* necessários, que são obtidos por meio do sistema político.

Tal distinção é de fundamental importância, pois, para cumprir algumas de suas missões dentro do âmbito estatal, conforme discutiremos na próxima seção, as organizações públicas não podem ou não conseguem vender sua produção no mercado; por conseguinte, não enfrentam o desafio da produtividade em termos mercadológicos, de sorte que seu desempenho organizacional deve ser avaliado segundo outros padrões, isto é, segundo atendam – ou não – aos objetivos para os quais são criadas.

Graham Allison (1979), por sua vez, considera que a distinção entre organizações públicas e privadas não constitui uma dicotomia, mas, sim, um contínuo; em outras palavras, enquanto existem organizações nitidamente públicas, como a Secretária de Educação do Estado de São Paulo, e outras nitidamente privadas, como a Natura Cosméticos S/A, existem instituições que possuem um posicionamento menos nítido nesse contínuo.

> **GRAHAM ALLISON**
>
> Professor e cientista político norte-americano. Bacharel em história pela Harvard University e em filosofia, política e economia pela Oxford University. Doutor em ciências políticas pela Harvard University. Diretor do Belfer Center for Science and International Affairs, professor e ex-diretor do Harvard's John F. Kennedy School of Government. Foi professor assistente, professor adjunto e professor titular na Harvard University. Analista da política de segurança e defesa nacional dos Estados Unidos. Publicou, entre outros livros, *Essence of decision: explaining the Cuban missile crisis* e *Nuclear terrorism: the ultimate preventable catastrophe*.

Um exemplo de empresa híbrida é a empresa de natureza estatal Petrobras, que de fato é uma empresa de capital misto, ao mesmo tempo responde às necessidades impostas pelo sistema político e enfrenta os desafios da lógica de mercado.

Outro exemplo são as organizações não governamentais (ONGS) como a SOS Mata Atlântica e a Caritas, que, por definição, estão fora do sistema institucional estatal, mas cuja missão é voltada para o campo político, e não para o econômico.

É necessário ter em mente que nem todas as organizações se dividem claramente em privadas e públicas; há também um universo de organizações híbridas, localizadas em pontos intermediários do contínuo, algumas mais próximas do que é uma organização privada por excelência; outras, do que é uma pública.

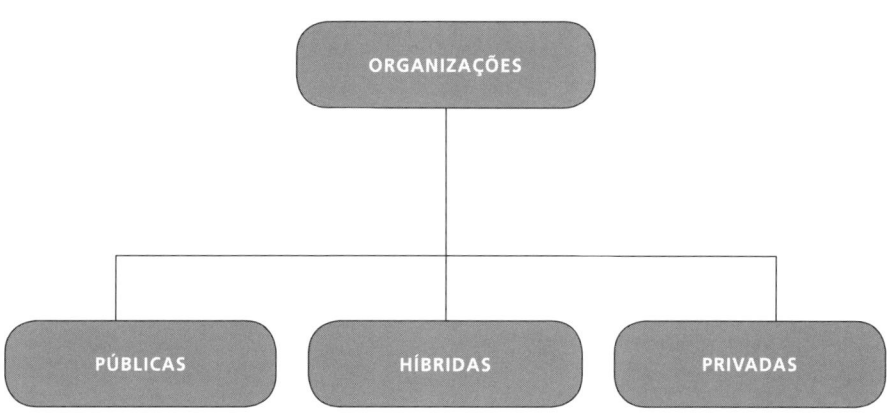

As organizações públicas

CONCEITO-CHAVE

As organizações públicas são criadas ou autorizadas por norma estatal e financiadas por meio de recursos públicos oriundos de arrecadação tributária. Como seu caráter é fundamentalmente público, sua missão principal é concretizar os valores e os objetivos adotados pelo sistema político, o que as torna a expressão tangível dos valores políticos vigentes.

COMENTÁRIO

Evidentemente, a maioria das temáticas que concerne à administração pública, em uma primeira instância, se relaciona aos valores políticos adotados por toda a sociedade.

Na esfera pública, são determinadas politicamente as questões concernentes aos valores que serão aceitos e adotados publicamente nas organizações públicas para que estas se tornem o braço executivo impositivo das decisões tomadas, sejam elas de caráter autoritário ou democrático.

No Estado democrático, que é mais permissível à participação popular e cuja liderança política é obtida por meio do sufrágio universal, o *output* do sistema político é o reflexo das demandas, do apoio e das aspirações dos cidadãos.

Já em um Estado autoritário, o *output* do sistema político é o reflexo das preferências dos grupos que controlam as esferas decisórias deste, o que explica a imposição de decisões aos que participam e também aos que não participam do processo político.

O termo impositivo refere-se ao fato de que o sistema político, por produzir as leis, é capaz de fazer com que suas decisões sejam obrigatoriamente cumpridas, uma vez que é o detentor exclusivo do uso legítimo da força. Quando as decisões tomadas pelo sistema político não são respeitadas ou cumpridas, o Estado, por meio de organizações públicas especiais, detentoras do uso legítimo da força, obriga que os atores e as demais organizações se alinhem aos valores definidos nas leis vigentes.

Nas democracias, a legitimidade das organizações públicas tem base na Constituição, a norma fundamental que organiza a vida, tanto política quanto pública, da comunidade política. A lei é o princi-

pal componente das organizações públicas, que, ao contrário das instituições privadas, dispõem de uma quantidade maior de procedimentos e especificações formais, o que justifica a necessidade de controle da organização pela comunidade política que a criou.

Esses procedimentos e controles afetam a organização pública tanto em seus aspectos internos quanto externos.

Por exemplo, os gerentes públicos são contratados e promovidos dentro de um sistema de gerenciamento de pessoal rígido, subordinado a um conjunto de regras para contratação, promoção, demissão e, até mesmo, para solução de "queixas" dentro da organização.

Esse sistema é estabelecido com o objetivo de implementar um sistema de méritos, priorizando a competência técnica em detrimento de conexões políticas, que buscam limitar a flexibilidade e a completa autonomia do gerente público no processo decisório. A necessidade de controle se revela também em sistemas que excedem às relações de pessoal e regulam grande parte das atividades cotidianas de quaisquer organizações públicas, incluam-se aqui processos bastante detalhados para contratar serviços e adquirir insumos do mundo exterior à organização.

A resposta à comunidade política, por outro lado, revela um constrangimento imposto às organizações públicas – que não existe nas privadas –, cujos *outputs* são inevitáveis, uma vez que o governo sempre pode recorrer, em última instância, aos poderes coercitivos do Estado para impor sua vontade.

O campo das organizações governamentais é também muito maior, pois, diferentemente do que ocorre nas organizações privadas, o governo está envolvido em um conjunto maior de atividades, mais amplo e de maior impacto. As expectativas da comunidade política, em relação ao comportamento do governo e às atitudes dos funcionários públicos que atuam nas organizações públicas, são bastante específicas: enquanto as organizações privadas atendem, em última análise, aos imperativos de mercado a fim de gerar lucros, as públicas, como determina o sistema político, devem atender, sobretudo, à missão que deu causa à existência delas.

Entre as missões impostas às organizações públicas, Vasu, Stewart e Garson (1998) chamam a atenção para quatro temas básicos:

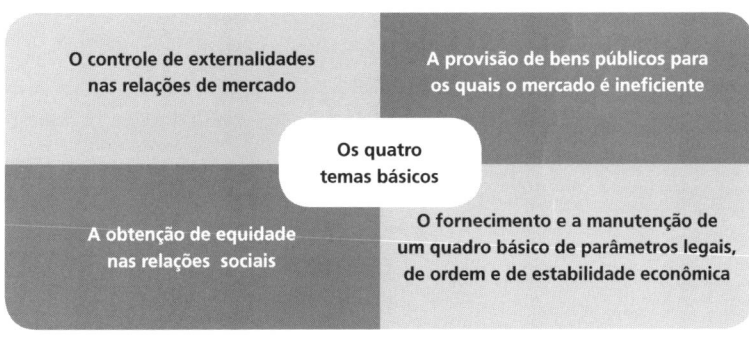

> **Externalidades**
>
> Custo ou benefício não intencional na relação entre duas partes e não transmitido via sistema de preço, mas que afeta uma parte que não participou de uma decisão da qual resulte um custo ou benefício. As externalidades podem ser positivas ou negativas, quando, respectivamente, os preços de mercado não refletem a totalidade dos custos ou benefícios de produzir ou consumir um produto ou serviço elaborado na relação entre as duas partes.

Controle de externalidades

Uma tarefa básica que concerne ao sistema político e ao Estado, executada por meio das organizações públicas, é o controle de externalidades positivas e negativas que resultam de interações entre consumidores e produtores, bem como entre organizações privadas e mercados.

> **CONCEITO-CHAVE**
>
> Por se tratar de um custo – ou benefício – não transmitido por meio do sistema de preços, a "externalidade" afeta a parte que não concorda com uma ação da qual resulte o custo – ou benefício.

Em situações de mercado, alguns efeitos das interações realizadas excedem às partes envolvidas e precisam ser controlados; assim, de um lado, existem os efeitos negativos que ocorrem quando uma interação privada gera custos a um público concentrado no entorno da zona de interação. Esse público não está capacitado para interferir nessa interação, e os atores que interagem não têm incentivos para incluir em seus cálculos estratégicos os custos e os benefícios desses efeitos externos.

Por outro lado, existem os efeitos positivos, que podem – ou não – ser produzidos, pois os benefícios individuais das interações não entram no cálculo dos atores situados na zona de interação, uma vez que não são lucrativos nem atraentes.

Um exemplo de externalidade negativa é a poluição provocada por um novo tipo de tecnologia automotiva que reduz o preço da produção de um automóvel. Essa tecnologia tem como consequência principal, na zona de interação entre produtor e consumidor, maior sucesso do produto dentro do mercado, pois permite a fabricação de um mesmo carro a um custo menor; com isso, as vendas desse carro aumentam, ao passo que as dos carros que não utilizam a mesma tecnologia poluidora diminuem.

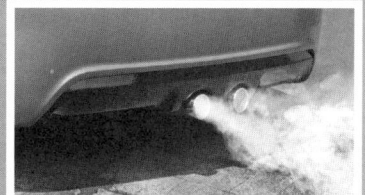

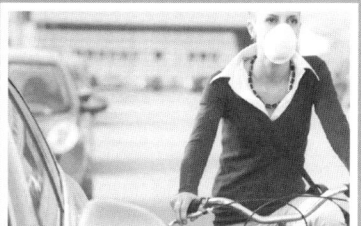

Por outro lado, aos terceiros atores situados fora da zona de interação, que não tiveram participação nem benefício, é apresentado um custo decorrente de um ambiente mais poluído – e, cabe destacar, esses atores não dispõem de meios ou instrumentos para intervir nem estão capacitados para fazê-lo.

Já um exemplo de externalidade positiva é o benefício obtido pelos moradores de um bairro afastado da cidade no qual é construído um centro de compras, pois isso atrai mais pessoas ao bairro, aquece o mercado local e traz mais riquezas aos moradores do lugar, sem que eles tenham rateado os custos dessa interação estratégica ou arcado com estes.

COMENTÁRIO

Ao evitar a criação de externalidades negativas e incentivar a produção de positivas, as organizações públicas, chanceladas pelo sistema político, regulamentam, por meio de uma variedade de formas, os meios pelos quais as interações entre atores e/ou organizações privadas devem ser realizadas; ou seja, as organizações públicas, quando autorizadas por lei, têm legitimidade para regular as formas com as quais as interações produtoras de externalidade ocorrem.

> **CONCEITO-CHAVE**
>
> **Provisão de bens públicos**
>
> As organizações têm um papel fundamental na produção de bens públicos, cujas características impedem o seu provimento de maneira adequada pelos mercados, ou seja, pela interação privada entre atores e/ou organizações privadas.

Isso ocorre porque o consumo desse tipo de bem por um indivíduo não diminui a quantidade disponível para outros; além disso, excluir o consumo de um bem público por potenciais consumidores pode também ser pouco viável ou até mesmo impossível.

> Um exemplo clássico é a Defesa Nacional, um típico bem público produzido pelo Estado. O bem-estar oriundo do consumo desse bem – Defesa Nacional – não é concorrente, pois o que é consumido por um indivíduo não exaure nem reduz o que está disponível para outro, uma vez que não há exclusividade. Assim, o indivíduo pertencente à comunidade será beneficiado pelas ações do Estado para prover a segurança nacional.
>
> Seria esse consumo factível de exclusão? Não, pois não existem meios para fazê-lo; dessa maneira, é praticamente impossível que o bem Defesa Nacional seja produzido pelas interações de mercado, pois nenhum dos consumidores teria incentivo para arcar com os custos de sua produção, afinal, mesmo que alguém não desejasse cooperar, não teria, de qualquer modo, seu consumo restringido. Nesse contexto, a única forma de produzir esse bem público é por meio da criação de uma lei que imponha aos indivíduos uma taxa para custear a organização pública que vai produzi-lo; no caso, as Forças Armadas.

Equidade

Em qualquer ordem capitalista existe uma tensão entre a busca pela eficiência decorrente das leis de mercado e a alocação de bens impositiva, sendo esta última pautada pelos valores definidos pelo sistema político e executada pelas organizações públicas.

Um dos valores comumente aceitos em estados democráticos é a necessária construção das equidades política, jurídica e social entre os membros da comunidade política. Dessa maneira, organizações públicas são também criadas não para corrigir eventuais falhas de mercado provocadas pela incapacidade das organizações privadas de alocar recursos, apesar das externalidades existentes, mas para alcançar valores sociais definidos pela comunidade política que estejam fora do leque de atribuições do mercado.

No Brasil, inúmeras organizações públicas ligadas à assistência social e a outras políticas sociais, como as políticas educacionais e as de saúde, se organizam segundo uma lógica alheia à lógica de mercado, uma vez que buscam produzir bens que tornem outros valores tangíveis, além da eficiência no uso de recursos.

Lei, ordem e estabilidade econômica

Além das missões clássicas supracitadas, as organizações públicas também têm como função a produção de um quadro no qual a lei e a ordem sejam mantidas e as condições para a estabilidade econômica sejam fornecidas.

Algumas organizações públicas têm por objetivo organizar a vida econômica do sistema político, como os mecanismos de controle monetário e o reconhecimento das moedas com valor corrente e dos meios de troca, que são válidos e devem ser aceitos por todos os que interagem na comunidade política. Até mesmo a regulação do centro financeiro privado do Brasil, a Bolsa de Valores de São Paulo (Bovespa) é monitorada por uma organização governamental: a Comissão de Valores Mobiliários (CVM).

> Inúmeros são os exemplos da importância das instituições públicas. O gerenciamento da economia e o controle da inflação são responsabilidades do governo assumidas por organizações públicas como o Banco Central e o Ministério da Fazenda. A manutenção da ordem, auxiliada pela aplicação das determinações legais por meio das organizações que compõem o Poder Judiciário, confere credibilidade ao estado de direito.[1] Organizações que atuam em conjunto com o Poder Judiciário, como o Ministério Público, as inúmeras secretarias de Segurança Pública e os corpos policiais também ajudam a manter essa ordem.

Motivação: dos conceitos às aplicações no setor público

Uma grande preocupação de organizações públicas e privadas é a motivação no trabalho. A busca de explicações para a motivação do trabalhador em relação ao seu trabalho tem sido tema constante de várias pesquisas realizadas por cientistas do comportamento organizacional.

---

[1] O estado de direito inclui tudo o que concerne à aplicação das determinações legais existentes, desde a organização do comércio às determinações que impõem restrições à liberdade dos indivíduos, principalmente no que se refere ao desrespeito aos comandos legais que protegem os valores considerados fundamentais pela comunidade política, como o direito à vida.

A primeira busca compreender o nível micro de uma organização a partir do ponto de vista das forças sociais – e isso inclui os fatores psicológicos que impactam o indivíduo que está dentro da organização: os comportamentos, as atitudes e as performances das pessoas; as influências exercidas, formal e informalmente, sobre esse indivíduo; por fim, os reflexos desses fatores na organização e no ambiente de trabalho. E é a partir dessa primeira perspectiva que será analisada a motivação dos indivíduos dentro da organização.

A abordagem do comportamento organizacional busca compreender o nível micro de uma organização a partir do ponto de vista dos indivíduos, incluindo os fatores psicológicos que impactam quem está dentro da organização: os comportamentos, as atitudes e as performances das pessoas; as influências exercidas, formal e informalmente sobre esse indivíduo; e, por fim, os reflexos desses fatores na organização e no ambiente de trabalho.

Do ponto de vista de uma organização, o "cargo" de um indivíduo é a base da gestão de pessoas nas tarefas organizacionais. A própria descrição do cargo deixa claro o que é esperado do indivíduo, assim como a função que este deve exercer. Em um plano maior, quando há coesão entre os trabalhadores e o papel da organização, cada cargo se une para que a missão da organização se concretize e permita que esta atinja seus objetivos.

Do ponto de vista individual, o cargo é também uma das principais fontes de expectativa e motivação, visto que os integrantes de uma empresa têm desejos relacionados ao cargo e ao papel deste – ou, em outras palavras, almejam galgar degraus na hierarquia organizacional ou outras formas de reconhecimento.

A partir do pressuposto que os indivíduos se articulam para que os objetivos da organização sejam alcançados a cada dia e sua missão, cumprida, pode-se dizer que a unidade mínima de análise de qualquer organização "são as pessoas que a compõem"; desse modo, de uma maneira simples, uma organização não é nada mais do que um grupo de pessoas que trabalha em conjunto na busca de um objetivo comum.

Não obstante, a experiência informa que nem todos os indivíduos dispensam a mesma quantidade de esforços para a realização dos objetivos organizacionais. Essas diferenças resultam em consequências de diversas ordens, sejam motivacionais, estejam relacionadas às capacidades técnicas específicas das pessoas envolvidas com a organização ou ainda ao ambiente de realização dos diferentes tipos de tarefas.

Pode-se dizer, portanto, que uma variável crucial no desempenho organizacional é a motivação das pessoas envolvidas no desempenho de suas funções; sejam os indivíduos muito hábeis ou não, os esforços despendidos na realização de objetivos organizacionais dependem da motivação. E, na visão de Vasu, Stewart e Garson (1998), o estudo da motivação é um campo fundamental para os estudos organizacionais.

> **CONCEITO-CHAVE**
>
> Para esses autores, a motivação é "o porquê de as pessoas se comportarem do jeito que se comportam e a razão por que despendem ou não esforços em busca dos objetivos definidos dentro da organização" (Vasu, Stewart e Garson, 1998:41, com adaptações).
>
> Para Casado (2002), "motivação" é tudo aquilo que impulsiona uma ação. Essa definição, bem mais simples, pode ser aplicada a acontecimentos cotidianos, como o desejo de receber um aumento salarial; assim, um indivíduo, ao perceber que na empresa em que trabalha quem possui pós-graduação obtém cargos e salários superiores, sentir-se-á motivado para procurar um curso dessa natureza. Pode-se afirmar, portanto, que o desejo por um maior salário motivou-o a estudar e se aprimorar.

> **TÂNIA CASADO**
>
> Psicóloga, mestre e doutora em administração. Atua como acadêmica, pesquisadora e consultora. Professora efetiva da Faculdade de Economia, Administração e Contabilidade da Universidade de São Paulo (FEA/USP). Coordenadora de projetos da Fundação Instituto de Administração (FIA), entidade conveniada com a Universidade de São Paulo. Coordenadora e professora das disciplinas de comportamento organizacional oferecidas pelo Programa MBA-RH da FIA/FEA/USP. Membro do grupo The University Fellows International Research Consortium.

As teorias da motivação

Teorias cognitivas

Estimular o empregado a se engajar e produzir no trabalho é a marca de uma organização efetiva. Como em muitos aspectos da comparação entre organizações privadas e públicas, existem diferenças únicas entre os elementos presentes no estudo da motivação e no estímulo dado aos funcionários em cada um dos tipos básicos de organização.

O papel desempenhado pelo dinheiro, por exemplo, como fonte de motivação, é predominante nas organizações privadas, diferentemente do que acontece nas públicas, pois, nestas, os gerentes trabalham dentro de um sistema de pessoal que estabelece os parâmetros com os quais eles podem operar para distribuir prêmios ou benefícios aos empregados e, consequentemente, estimular e motivar os comportamentos mais condizentes com os objetivos do setor público.

O papel dos salários também é distinto, uma vez que, em organizações públicas, eles são definidos por determinações legais e, por isso, estão fora do alcance dos gerentes, fato que revela as limitações externas a que estes estão sujeitos.

COMENTÁRIO

Para as teorias cognitivas, a motivação é interna ao indivíduo; assim, o gestor pode estimular os trabalhadores com bonificações ou outros prêmios. Entretanto, se o indivíduo não tem sentimentos ou desejos relacionados à bonificação, esse processo não será eficiente. Portanto, antes de distribuir prêmios ou outras benesses, o gestor precisa saber o que realmente motiva os indivíduos com os quais trabalha. "Afinal, o que eles desejam?"

Na teoria cognitiva, fatores intrínsecos aos indivíduos são responsáveis por seu comportamento. Portanto, frases como "motive o seu colaborador" não cabem nesse modelo – apenas os sentimentos e os processos cognitivos do próprio indivíduo fazem com que ele tenha ou não motivação.

A questão fundamental dos estudos organizacionais é: "O que motiva o comportamento humano?" Conforme o parágrafo anterior, a motivação é intrínseca ao indivíduo; contudo, alguns elementos externos podem estimulá-lo ou fazer com que adote certos tipos de respostas, isto é, de comportamentos.

A reflexão consciente do funcionário e suas decisões individuais são consideradas fatores intervenientes entre o estímulo externo e o comportamento de resposta. Desse modo, para compreender o comportamento final, é necessário entender as experiências que desencadeiam essa reflexão consciente e a consequente decisão individual.

Nesse modelo, o gestor deve sempre olhar para a organização, para os indivíduos que ali trabalham e perguntar a si mesmo: "O que motiva meus colaboradores?"

São três as abordagens teóricas principais que analisam a motivação dos atores envolvidos a partir de um questionamento cognitivo sobre o comportamento humano:

Na abordagem cognitiva, as questões que seguem são possíveis e passíveis de estudos científicos:

- Como o ser humano se comporta?
- Por que ele se comporta de um modo, e não de outro?

Não obstante, os principais teóricos divergem sobre os elementos presentes nos indivíduos que afetam e produzem os diferentes comportamentos. Seguem dois exemplos:

O hedonismo da filosofia grega antiga é o primeiro movimento de estudo conhecido sobre o que "está por trás", as razões do comportamento humano. No século XIX, Adam Smith, Jeremy Bentham e John Stuart Mill se basearam no hedonismo para explicar o comportamento humano; para os autores, os indivíduos buscam maximizar o prazer e minimizar o sofrimento por meio do balanceamento entre dor, sofrimento e prazer.

Thorndike, um dos primeiros psicólogos empíricos, também utilizou os argumentos hedonistas como explicação para o comportamento humano ao apontar que os animais, quando confrontados com um quebra-cabeças, aprendiam a resolvê-los quando a solução "levava a um resultado agradável". Segundo o autor (Thorndike, 1965:244):

> De várias respostas dadas para a mesma situação, aquelas que são seguidas por satisfação para o animal, outras coisas sendo iguais, serão mais firmemente recorrentes, de modo que, quando as situações acontecerem novamente,

EDWARD LEE THORNDIKE

Pioneiro em pesquisas sobre o aprendizado humano e animal. Em 1898, escreveu sua tese sobre a inteligência animal, intitulada *Animal intelligence: an experimental study of the associative processes in animals*. Um ano depois, voltou a seu interesse principal, psicologia educacional, tornando-se instrutor do Teachers College, da Columbia University, onde permaneceu até o fim de sua carreira. Em 1912, em reconhecimento a suas pesquisas, foi eleito presidente da American Psychological Association. Thorndike se aposentou em 1939, mas trabalhou ativamente até sua morte, 10 anos depois.

eles estarão mais propensos a repetir tal resposta; enquanto aquelas respostas que são acompanhadas por algum desconforto para o animal, outras coisas sendo iguais, tem as suas ligações com essa situação enfraquecida, de modo que, quando se repete, eles estarão menos propensos a repetir tal reposta. Quanto maior a satisfação ou desconforto, maior é o fortalecimento ou enfraquecimento do vínculo.

Teoria da redução (ou do direcionamento) da tensão

William James, em seu trabalho seminal *Principles of psychology* (1890), sublinhou dois conceitos que moldaram a análise cognitiva sobre a motivação dos indivíduos: o instinto e o subconsciente, que formam o núcleo da teoria da pulsão. O conceito de instinto tornou-se mais desenvolvido com o trabalho de Charles Darwin (1859) sobre a origem das espécies, pois a teoria evolucionista compreendia a diferença dos humanos em relação aos animais em termos de processo e trajetória biológica evolutiva.

Contudo, o crescimento das teorias psicológicas e a proliferação de diferentes instintos humanos propostos abriram o campo para desavenças teóricas. Na década de 1930, o número de instintos humanos levantados se tornou tão vasto que o conceito foi lentamente sendo abandonado por ter sido considerado não científico (Weiner, 1980). Com isso, o espaço teórico deu lugar ao conceito de direcionamento, introduzido em 1918 por Woodworth em seu livro *Dynamic psychology*. Contudo, foi Clark Hull (1935) quem amplamente desenvolveu o conceito, por meio de um modelo simples de direcionamento no qual o comportamento resulta da interação entre os direcionamentos e os hábitos humanos, havendo uma tendência de busca por necessidades ainda não atendidas, cuja realização gerará satisfação (Hull, 1943).

WILLIAM JAMES

Psicólogo e sociólogo norte-americano. Escreveu sobre todos os aspectos da psicologia humana, do funcionamento cerebral até o êxtase religioso, da percepção espacial até a mediunidade psíquica. Argumentava de ambos os lados de uma questão com igual talento. Concentrou-se na compreensão e na explicação das unidades básicas do pensamento. Conceitos fundamentais – tais como as características do pensamento, atenção, hábito e sentimento de racionalidade – despertaram seu interesse.

ROBERT S. WOODWORTH

Psicólogo norte-americano. Graduado em filosofia pelo Amherst College, formado pela Harvard University e doutor pela Columbia University. Foi professor da Universidade de Colúmbia e presidente da Associação Psiquiátrica Americana. Escreveu os livros *Dynamic psychology* e *Psychology*.

CHARLES DARWIN

Cientista inglês que revolucionou o pensamento biológico no fim do século XIX. Darwin sempre comparava animais vivos com seus achados fósseis e com outras espécies. O resultado final de suas pesquisas deu origem, em 1859, ao livro *A origem das espécies por meio da seleção natural ou a Preservação das raças favorecidas na luta pela vida*. Nessa obra, Darwin tentou demonstrar que, além de os organismos produzirem sua prole ligeiramente diferente do que foram seus pais, existe um processo de seleção natural que favorece aqueles que melhor se adaptam ao ambiente. Com isso, ao longo do tempo, espécies distintas vêm a se desenvolver. Esse trabalho reforçou a hipótese da continuidade entre a evolução humana e a animal. Sua obra causou enorme e duradoura controvérsia, especialmente um acalourado debate sobre a evolução humana.

CLARK HULL

Psicólogo norte-americano e teórico de aprendizagem em behaviorismo. Bacharel e mestre pela University of Michigan e doutor em psicologia pela University of Wisconsin–Madison. Trabalhou na University of Wisconsin–Madison. Foi professor e pesquisador da Yale University. Procurou explicar a aprendizagem e a motivação por leis científicas de comportamento. Publicou os livros *Principles of behavior*, *The essentials of behavior* e *A behavior system*.

A psicanálise freudiana também oferece um conjunto de proposições teóricas sobre o comportamento humano com raízes na teoria do "direcionamento da tensão". Os indivíduos atuam a fim de obter a satisfação de necessidades pessoais por meio de algum tipo de adaptação ao mundo.

CONCEITO-CHAVE

Há dois conceitos importantes do pensamento freudiano: a homeostase e o hedonismo. A homeostase é a tendência que um ambiente relativamente estável seja mantido, enquanto o hedonismo é a busca pelo prazer e pela felicidade. Cabe destacar que, segundo o pensamento hedonista, o prazer resulta do estado de equilíbrio que se estabelece quando todos os objetivos são alcançados.

No processo de redução ou direcionamento da tensão, os componentes da personalidade – "id", "ego" e "superego" – são peças-chave:

O "id" é o responsável por toda a energia psicológica em seu estado mais instintivo; o "ego", pela capacidade de postergar a gratificação; o "superego", pela consciência da personalidade. Enquanto o princípio do prazer governa o "id", o "ego" é regulado pelo princípio da realidade; é no conflito gerado pela interação entre o "id" e o "ego" que está o centro da teoria freudiana da motivação.

Segundo Freud, todo comportamento é, em última instância, determinado por um processo inconsciente: a tendência à redução da tensão com o onipresente fim de obter prazer; em outras palavras, o "id" demanda satisfação imediata e regula vontades, impulsividades e instintos do ser humano.

Os bebês, por exemplo, são completamente tomados pelo "id", pois choram e procuram a satisfação imediata de necessidades básicas.

O "ego" é o responsável por mediar os conflitos entre o "id" e o "superego" no mundo externo; quando aquilo que o "id" deseja não é adequado para a sociedade, é impossível ou indesejável em dado momento, o "ego" usa mecanismos de defesa, que resguardam o indivíduo de situações conflituosas.

Um exemplo de mecanismo de defesa do "ego" é o deslocamento: um indivíduo pode estar extremamente angustiado por causa de um comentário de seu superior ou de uma avaliação negativa. O "id" deseja lidar com essa espécie de sofrimento, isto é, quer livrar-se da angústia; entretanto, o indivíduo desloca a sua raiva para outro objeto e, em vez de entrar em conflito com o superior, acaba gritando ou brigando com algum subordinado. Ou seja: a raiva que sentiu do superior foi canalizada naquele momento para a figura do subordinado.

O "superego" seria a fonte de controle repressor, uma espécie de consciência individual vigilante em que os conceitos de moralidade e proibição freiam determinados desejos.

No caso do exemplo anterior, o "superego" poderia considerar imoral ou inaceitável gritar com o superior, mas aceitável fazê-lo com o subordinado naquele momento. Dessa forma, o "ego" faz uma negociação entre o "id", que deseja liberar a raiva, e o "superego", que considera imoral gritar com o chefe, mas admite a solução de canalizar a raiva para o subordinado (Casado, 2002).

Teorias das expectativas

As teorias das expectativas têm como eixo central o pressuposto que o comportamento humano é determinado pelo modo com que o indivíduo percebe o mundo. Um dos principais teóricos dessa corrente, Kurt Lewin (1935), defendeu a hipótese que o comportamento é o resultado da interação entre os indivíduos e o ambiente no entorno destes.

Nesse enquadramento teórico, as pessoas teriam necessidades fomentadoras de tensões que se dissipariam apenas com o alcance de metas no ambiente; cabe destacar que o valor dado por uma pessoa a um objeto, nesse mesmo ambiente, depende da intensidade de suas necessidades em relação a este. Além disso, o empenho do indivíduo para alcançar seus objetivos dependerá ainda da distância relativa entre estes e aquele. Finalmente, quando o objetivo é alcançado, a necessidade é atendida e a tensão, aliviada.

Trabalhando com a dimensão de percepção introduzida pela abordagem das expectativas, David McClelland (1987) compreendeu que uma concepção de motivação baseia-se em uma expectativa determinada; assim, "o esforço para a realização de algo dependeria, neste quadro, da combinação entre a expectativa de sucesso e o valor do sucesso". Em seus estudos, McClelland identificou que existe um grupo empreendedor composto por aproximadamente 10% da população. Os membros desse grupo buscam definir suas próprias metas ao invés de tê-las definidas pelos outros ou, mesmo, por fatores externos. Em situações experimentais, são mais propensos a evitar a seleção de objetivos extremos, rejeitam metas que sejam muito fáceis ou muito difíceis de alcançar e preferem tarefas que lhes confiram *feedback* imediato.

Uma segunda visão foi elaborada por John Atkinson (1964), que desenvolveu a teoria da motivação plena, que sugere que a relação entre o comportamento de um indivíduo e suas realizações é consequência do conflito entre a esperança do sucesso e o medo do fracasso. O balanço entre os dois vetores é o resultado da necessidade de realização e do medo do fracas-

---

KURT LEWIN

Psicólogo alemão. Nascido em 9 de setembro de 1890 em Mogilno, Prússia, onde hoje fica a Polônia. Falecido em Newtonville, Massachusetts, Estados Unidos, em 12 de fevereiro de 1947.
Dedicou-se às áreas de processos sociais, motivação e personalidade, e aplicou os princípios da psicologia Gestalt. Autor de *The dynamic theory of personality* (Teoria dinâmica da personalidade), de 1935, e *Principles of topological psychology* (Princípios de psicologia topológica), de 1936. A teoria do campo psicológico, formulada por ele, afirma que as variações individuais do comportamento humano, com relação à norma, são condicionadas pela tensão entre as percepções que o indivíduo tem de si mesmo e pelo ambiente psicológico em que se insere: o espaço vital, por meio do qual abriu novos caminhos para o estudo dos grupos humanos.

DAVID MCCLELLAND

Mestre em psicologia pela University of Missouri e doutor em psicologia pela Yale University, em 1941. Reconhecido internacionalmente por sua destreza em motivação e empreendimento humanos, MClelland ensinou e pesquisou por 57 anos. É lembrado por seu método, nem um pouco convencional, de estudar a personalidade humana. O conjunto de características empreendedoras indicadas por David McClelland é adotado pelo Sebrae em suas soluções e seus produtos dirigidos aos empreendedores.

so; da expectativa de sucesso e de fracasso; do valor do incentivo para o sucesso e para o fracasso.

Por fim, a terceira teoria motivacional das expectativas é a desenvolvida pelo psicólogo Julian Rotter (1982), que também sublinhou a importância do ambiente externo como determinante do comportamento. Nessa teoria, mais uma vez, o comportamento é visto como resultado das expectativas do indivíduo de realizar metas associadas ao valor das próprias expectativas. Contudo, para Rotter, a expectativa é produto da história de "fatores de reforço", que influenciam os indivíduos, uma vez que estes aprendem sobre o papel desempenhado por tais fatores em situações similares, repetitivas, que servem como controle do ambiente e exercem importante papel na motivação das pessoas, já que, na teoria de Rotter, o ambiente pode ser controlado externa ou pessoalmente. Sua teoria ficou conhecida como a teoria do aprendizado social.

JOHN ATKINSON

Professor e psicólogo norte-americano. Pioneiro no estudo científico da motivação humana, da conquista e do comportamento. Graduado pela Dwight Morrow High School e em psicologia pela Wesleyan University. Doutor em psicologia pela University of Michigan. Lecionou na University of Michigan e na Wesleyan University. Coautor de *A theory of achievement motivation* e *Personality, motivation and achievement*.

JULIAN ROTTER

Psicólogo norte-americano considerado o criador da teoria da aprendizagem social. Graduado em química pelo Brooklyn College, mestre pela University of Iowa, doutor pela Indiana University. Foi conselheiro do Exército dos Estados Unidos durante a II Guerra Mundial. Lecionou na Ohio State University. Foi diretor do Programa de Psicologia Clínica da Universidade de Connecticut e presidente da Divisão de Psicologia Social e Personalidade da Associação Americana de Psicologia. Publicou *Social learning and clinical psychology*.

Teoria do crescimento e do desenvolvimento humanos

A terceira grande corrente cognitiva sobre as motivações do comportamento humano é a teoria do crescimento e do desenvolvimento humanos, em que se defende que as pessoas motivam-se para crescer e desenvolver-se individualmente, em um perpétuo movimento de autorrealização.

Um de seus principais teóricos, Abraham Maslow (1970), propôs o conceito de "hierarquia das necessidades humanas". Esse arranjo hierárquico inclui, do nível mais baixo ao nível mais alto, necessidades fisiológicas, de segurança, sociais, de estima e, por fim, de autorrealização. Segundo Maslow, para ativar as necessidades de determinado nível, é preciso que as necessidades do nível imediatamente anterior, na escala hierárquica, à exceção do primeiro, estejam satisfeitas.

A necessidade de proteção, por exemplo, por figurar no segundo nível, não será ativada até que a pessoa esteja alimentada e abrigada – necessidades fisiológicas.

Apenas as necessidades não atendidas são motivadoras; assim, quando um nível é atendido, uma necessidade hierarquicamente mais alta é ativada para motivar o comportamento.

Abordagem acognitiva

Diferentemente das abordagens cognitivas, nas quais o organismo intervém, ao intermediar o efeito das mudanças ambientais na resposta comportamental as abordagens não cognitivas postulam que o comportamento não é afetado por respostas orgânicas individuais; em outras palavras, o comportamento responde apenas aos estímulos ambientais.

Um trabalho de destaque dessa abordagem é a pesquisa de Burrhus Skinner (1976), que assume que o comportamento é determinado por suas consequências. Para Skinner, o organismo é apenas um agente passivo que

> **BURRHUS SKINNER**
>
> Professor americano nascido na Pensilvânia, em 1904. Estudou inglês e línguas clássicas no Hamilton College, onde recebeu seu diploma em 1926. PhD em psicologia em 1936 – sua tese foi considerada um clássico, apresentando as bases para o posicionamento teórico ao qual ele aderiu ao longo de sua carreira. Foi professor na University of Minnesota, de 1936 a 1945, na Indiana University, de 1945 a 1947, e em Harvard, até sua morte, em 1990. Formalizou a relação operante do comportamento, que deixa de ser apenas uma relação estímulo-resposta e passa também a ser considerada a relação estímulo-resposta-consequência, na qual o que controla a resposta é a relação completa.

interliga os efeitos ambientais com a resposta comportamental. Assim, não é necessário postular nenhuma necessidade ou motivação interna – ou externa – para explicar o comportamento. De acordo com esse pensamento, os condicionamentos decorrentes da exploração do ambiente – que opera de forma positiva, negativa ou neutra – explicam a maior parte dos comportamentos percebidos.

ABRAHAM MASLOW

Advogado norte-americano. Doutor em psicologia, com estudos sobre o comportamento primata. Trabalhou como professor nas universidades de Wisconsin e Columbia. Em Columbia, realizou trabalhos com E. L. Thorndike, interessando-se pela investigação sobre a sexualidade humana. Foi eleito presidente da Associação Americana de Psicólogos, em 1968. Seus trabalhos e pesquisas científicas forneceram a base e as vigas de suporte da psicologia transpessoal. Foi Maslow que cunhou o termo "experiências culminantes ou de pico", aquelas que comprovam a tese que somos mais do que nossos corpos físicos, porque somos mais do que matéria física, realidade essa só encontrada quando, deliberada ou ocasionalmente, fazemos a descoberta do nosso nível transpessoal. Outra de suas grandes contribuições para a área transpessoal foi a despatologização da psique, ou seja, Maslow não catalogou como doenças ou estados de escuridão as manifestações provenientes do âmago ou core interno, existentes em cada um de nós. Ao contrário, ele glorificou e dignificou essas manifestações, elegendo-as como fonte de saúde e de criatividade.

As consequências ambientais são de quatro tipos: reforço positivo, omissão, punição e reforço negativo, definidos em função de consequências agradáveis ou nocivas, presentes ou não no ambiente.

Conforme o exemplo de Hampton e colaboradores (apud Vasu, Stewart e Garson, 1998:52), uma situação corriqueira em sala de aula pode ilustrar muito bem os conceitos desse tipo de abordagem:

Um professor pode dar aos alunos reforços positivos, como boas notas nas provas, mas o sistema de provas também pode trazer aos alunos reforços negativos, como a ansiedade (*como será a prova? qual será o seu grau de dificuldade?*), somente eliminada quando a prova é realizada. O professor pode também não reforçar positivamente a participação em classe, ao não dar crédito a esta, ou puni-la, ao mostrar-se crítico e sarcástico com os alunos.

Essas consequências criam duas estratégias para controlar o comportamento humano. Estratégias positivas, que fortalecem os comportamentos por meio de desdobramentos agradáveis, ou que reduzem um comportamento com a remoção de consequências que o reforcem. Estratégias negativas que buscam controlar o comportamento por meio de punição que podem produzir efeitos adversos e piorar o andamento do trabalho ao afetar o ambiente organizacional.

Motivações específicas

Ao longo do tempo, os motivos foram caracterizados na literatura sobre o comportamento humano em um conjunto variado de proposições. Uma das tipologias mais utilizadas divide os comportamentos em primários e secundários. Os motivos primários são inatos (= biológicos), enquanto os secundários são adquiridos e ocorrem no âmbito psicológico.

As motivações primárias surgem das necessidades vitais, como a fome, a sede, a dor, o cansaço e o sono; já as secundárias têm fundamento nas necessidades de segurança, afiliação, realização e competência (Behling e Schriescheim, 1976). Como as motivações primárias fogem ao escopo do comportamento organizacional, serão analisadas aqui apenas as quatro motivações secundárias básicas, a saber: "segurança", "afiliação", "realização" e "competência".

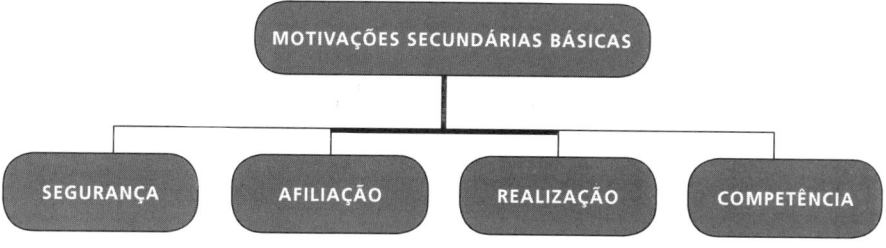

Segurança

Os motivos de segurança devem ser compreendidos como uma extensão das necessidades biológicas no que se refere à expansão do horizonte de sobrevivência. Nas sociedades modernas, a segurança é redefinida, pois implica a capacidade de manter-se vivo, dia após dia, e também as preocupações de natureza econômica.

Por outro lado, a insegurança exprime o medo de que as coisas não durem ou, de outra forma, de que se perca amanhã o que se tem hoje (Morgan e King, 1966).

> **CLIFFORD THOMAS MORGAN**
> Graduado pelo Maryville College, doutor pela Rochester University. Foi professor de psicologia da University of Texas. Trabalhou na Johns Hopkins University como professor assistente e na Harvard University. Autor de *Brief introduction to psychology* e coautor de *Introduction to psychology*.

Afiliação

A necessidade de afiliação ou, de maneira mais simples, inserção em algum grupo, é central no campo do trabalho, pois grupos laborais assumem importância vital na performance da organização devido à sua capacidade de estabilizar relações sociais. A necessidade de afiliação deriva de dois fatores básicos: a busca por conforto, ao encontrar pessoas que enfrentam situações sociais semelhantes, e a busca por aprovação social.

Pesquisas sobre variações acerca da necessidade de aprovação produziram algumas descobertas interessantes; uma delas afirma que pessoas com maior motivação para obter reconhecimento social tendem a se adaptar melhor aos padrões estabelecidos pelo grupo, assim como a aprender mais rápido quando recebem o *feedback* de que tiveram uma boa performance ou tomaram a atitude correta.

Realização

Luthans (1972) define "realização" como o desejo de ter sucesso em uma situação de competição. Muitas pesquisas a respeito da motivação dos indivíduos tentaram descrever grupos de pessoas que compõem os grandes empreendedores, isto é, que buscam mais incessantemente realizar seus objetivos. Tais indivíduos foram definidos na literatura como pessoas que assumem riscos moderados e querem um *feedback* imediato de suas performances. Essas pessoas tendem a apoiar-se na satisfação decorrente do cumprimento de suas tarefas e, normalmente, evitam recompensas supérfluas.

Uma das questões principais da literatura sobre o tema é o modo com que a necessidade de realização pode ser reforçada. Não obstante a disposição de busca por maior realização formar-se na infância, como resultado do treinamento precoce de independência pessoal, os teóricos debruçaram-se na criação de mecanismos que a estimulassem. Estes dirigem a atenção para as vantagens de assumir riscos e, com isso, permitem que a obtenção de recompensas seja adiada.

Especificamente o programa de McClelland busca estimular as pessoas a perseguirem maiores realizações por meio das seguintes técnicas:

> **FRED LUTHANS**
>
> Professor especializado em comportamento organizacional. Doutor em administração e psicologia social pela University of Iowa, bacharel em matemática pela University of Iowa. Professor da Universidade de Nebraska e presidente da Academia de Administração. Trabalhou na Academia Militar dos Estados Unidos. Publicou diversos livros, entre eles *Comportamento organizacional*.

- Ensinar o sujeito a pensar, falar e agir como um grande empreendedor.
- Estimular a definição pessoal de objetivos mais elevados, mas realistas e cuidadosamente preparados.
- Estimular o conhecimento de si mesmo.
- Criar um espírito de grupo por meio da experiência "no grupo".

Competência

A competência é a capacidade de tomar para si um fazer ou uma tarefa. Proponentes do conceito de "competência" sugerem que uma motivação central subjacente ao comportamento humano é a habilidade do indivíduo de interagir de maneira efetiva com o ambiente.

Nuttin (1973) observou que existe uma recompensa decorrente da capacidade de operar e compreender o que ocorre à volta dos indivíduos.

Inteiramente relacionado à motivação, o conceito de "competência na gestão" é uma alternativa aos modelos tradicionais, em que a remuneração está diretamente associada aos cargos exercidos, não às competências individuais.

No modelo das competências, quando uma equipe se destaca e é bonificada pelo fato de ter exercido sua competência em favor da empresa, pode-se dizer que as características de cada grupo são valorizadas. Em um segundo momento, para que o grupo atinja metas e ideais, cada um de seus membros precisa trabalhar suas competências para favorecer o grupo e engrandecê-lo (Coelho e Fuerth, 2009).

Esse modelo possui algumas premissas básicas:

- Conscientização de que cada tipo de negócio exige pessoas com perfis específicos.
- Crença de que cada posto de trabalho existente na empresa tem características próprias e deve ser ocupado por profissionais que apresentem determinado perfil de competências.
- Reconhecimento de que aqueles que ocupam funções gerenciais são os responsáveis pela oferta das oportunidades que permitem o desenvolvimento e a aquisição de novas competências.
- Percepção de que sempre haverá demanda para o desenvolvimento de novas competências e que o que hoje é essencial para a boa execução de um trabalho poderá agregar novas exigências amanhã.

Um gestor que adota o olhar das competências motiva sua equipe a dar o melhor de si em seu trabalho. Ao perceber, por exemplo, que um colaborador demonstra uma especial preocupação com o meio ambiente, o gestor deve procurar meios para que ele participe de projetos de sustentabilidade dentro da organização. Isto fará com que o colaborador sinta-se gratificado, uma vez que poderá pôr em prática seus interesses na organização e ganhar reconhecimento, já que o gestor soube avaliar e valorizar suas competências em favor da instituição (Coelho e Fuerth, 2009).

Motivação e produtividade

Do ponto de vista prático, a questão mais importante sobre a motivação dos indivíduos que ocupam um lugar em organizações públicas é como melhorar seu desempenho. A área de pesquisas aplicadas em gestão analisa esse ponto fundamental e observa como a satisfação com o trabalho e as recompensas estão relacionadas à performance do indivíduo. As descobertas científicas demonstraram que a mera motivação por meio de pagamentos maiores não é o caminho mais eficiente para se melhorar a produtividade dos empregados.

As primeiras teorias gerenciais que discutiam as performances dos empregados não se preocupavam com o indivíduo e, menos ainda, com o modo com que este se sentia em relação ao seu próprio trabalho. O modelo dominante de administração científica focava somente na maneira com que o gerente deveria manipular as recompensas; na prática, os empregados não passavam de meros autômatos, dotados de respostas previsíveis em um sistema estruturado de pagamentos.

Na visão de Frederick Taylor (1911), a performance era parte de um sistema de trabalhos e recompensas cuidadosamente desenhado em que empregadores e empregados partilhavam o interesse em obter maior produtividade. A motivação era assim considerada, nesse modelo, como uma forma de tornar o trabalho mais fácil e produtivo.

Somente duas décadas mais tarde, com a pesquisa de Roethlisberger e Dickson (1939), na empresa Hawthorne Works of Western Electric, a satisfação dos trabalhadores surgiu como uma questão central na compreensão do desempenho individual. As interações sociais no campo de trabalho e a preocupação dos supervisores vieram à tona como fatores de impacto na satisfação dos empregados. Para essa visão, não bastavam apenas bonificações salariais ou facilidades no trabalho prático; era necessário que houvesse interações sadias e um ambiente de trabalho também sadio para que os indivíduos pudessem se sentir motivados.

Os modelos atuais usados para testar a relação entre satisfação e desempenho são mais refinados que os anteriores; da mesma forma, a pesquisa empírica ficou bem mais extensa. Entretanto, não há consenso sobre os efeitos dos principais determinantes – satisfação e desempenho – nos trabalhadores. Locke e colaboradores (1970), por exemplo, defenderam que a satisfação é um resultado da performance, e não o contrário. Além disso, no que se refere às organizações públicas,

FREDERICK TAYLOR

Primeiro especialista americano em racionalização e eficiência no trabalho. Inventou a chamada gestão científica – organização científica do trabalho que consistia em uma análise temporal das tarefas individuais, permitindo melhorar o ritmo dos trabalhadores. Foi técnico em mecânica e operário. Posteriormente, formou-se em engenharia mecânica. Nas indústrias em que atuou, foi responsável pela elevação, em grande medida, do desempenho dos trabalhadores.

FRITZ JULES ROETHLISBERGER

Cientista social e teórico da gestão americano. Formato pelo MIT Sloan School of Management.

Foi pesquisador no Harvard Industrial Research Department e professor na Harvard Business School. Em 1937, publicou, em conjunto com W. J. Dickson, os primeiros resultados globais das experiências de Hawthorne. Faleceu em 1974, aos 76 anos.

a melhora da produtividade do serviço público e a sua avaliação são tarefas complexas, sobretudo devido à natureza política dos serviços realizados. O debate político que surge a partir do gasto de dinheiro público e do aumento da produtividade implica que, em momento anterior, a máquina pública esteve trabalhando abaixo de sua capacidade.

Existem duas correntes de pesquisa focadas na relação entre satisfação e performance. A primeira observa a satisfação como um fator determinante associado ao desempenho (Herzberg et al., 1957) ou, ao menos, associado a outros fatores que, indiretamente, causam uma melhora na produtividade. Um exemplo disso é a redução de faltas ao trabalho e maior continuidade das equipes, que permanecem mais tempo na mesma organização (Porter e Steers, 1973). A outra corrente adota a tese que a satisfação é causada pela produtividade e pelo sistema de recompensas (Vroom, 1964; Porter e Lawler, 1968).

> **VICTOR H. VROOM**
>
> PhD em Psicologia pela University of Michigan, lecionou na University of Pennsylvania e na Carnegie-Mellon School of Management. Atualmente é professor de Organização e Administração na cadeira John G. Searle, da Universidade de Yale. Desenvolveu uma teoria da motivação que se restringe exclusivamente à motivação para produzir e que reconhece as diferenças individuais, rejeitando as noções preestabelecidas. Para Victor H. Vroom, um indivíduo pode desejar aumentar a produtividade quando há expectativa, recompensa e a relação entre expectativa e recompensa.

A motivação no campo de trabalho

Um primeiro modelo de aplicação de instrumentos para estimular e aumentar a motivação no campo de trabalho parte dos achados da "teoria do crescimento e do desenvolvimento humanos". As pessoas são motivadas a crescer e desenvolver-se individualmente com um sentido perpétuo de movimento voltado para a autorrealização. As motivações estão relacionadas em uma hierarquia das necessidades instintivas humanas. As necessidades de nível superior são dominadas pelas necessidades de nível anterior, até que estas últimas sejam atendidas. Algo muito próximo da hierarquia das necessidades de Maslow, apresentadas anteriormente. As necessidades humanas que precisam ser atendidas estão organizadas em uma escala direcional, partindo das necessidades fisiológicas, da segurança e do autodesenvolvimento.

Isto é, as necessidades humanas que precisam ser atendidas estão organizadas em uma escala direcional, partindo das necessidades fisiológicas, da segurança e do autodesenvolvimento. Para Douglas McGregor (1960), autor da obra clássica *The human side of enterprise,* o comportamento passivo e indiferente dos empregados não deve ser assumido como o estado natural humano, mas, sim, como o resultado de condutas gerenciais equivocadas que estimulam a não participação do empregado, normalmente devido ao não atendimento de necessidades de nível superior. Isto se dá pelo fato que, enquanto as organizações buscam atender às necessidades fisiológicas e às de segurança dos indivíduos, as necessidades sociais – ser aceito pelos companheiros, dar e receber amizade etc. – são vistas pela administração como uma ameaça para a organização. A tendência ao comportamento coletivo, que é natural nos seres humanos, quando frustrada por ameaças da gerência, pode culminar em resistência e não cooperação.

Além disso, e este é o ponto considerado mais problemático para McGregor, mesmo se as necessidades sociais forem atendidas pela administração, a própria estrutura da organização contemporânea pode ser fonte de frustração da satisfação das outras duas necessidades de níveis superiores – as necessidades de estima e as de autorrealização. Diante disso, McGregor propõe uma nova abordagem que busque enfatizar essas necessidades, bem como o papel da administração no desenvolvimento das capacidades humanas de assumir responsabilidades e atingir os objetivos organizacionais.

A tarefa essencial da administração seria, portanto, rearranjar as condições e os métodos de trabalho dentro da organização, para que os indivíduos atinjam seus próprios objetivos e, ao mesmo tempo, busquem alcançar os objetivos da organização e identificar-se com a missão desta. Uma importante aplicação da abordagem de McGregor é a reflexão sobre a administração usar o mesmo conjunto de pressupostos para analisar o comportamento dos empregados e o seu próprio, o que evita o uso de um padrão duplo na análise das relações organizacionais.

O desenvolvimento das relações gerenciais no *boom* econômico japonês também alimentou as teorias sobre a motivação humana e suas aplicações no campo organizacional. William Ouchi (1982) observou que os principais elementos das técnicas japonesas são: o realce da situação de longo prazo dos empregados; a decisão por consenso; a responsabilidade individual; os sistemas de avaliação e promoção focados em longos períodos, e carreiras moderadamente especializadas.

Um segundo modelo assumiu como base a "teoria psicanalítica das pulsões". Esse modelo argumenta que os fatores que levam à satisfação com o trabalho são distintos daqueles que levam à insatisfação e a chave para a compreensão dessas diferenças é o princípio do prazer. Um conjunto de necessidades resulta das disposições instintivas dos indivíduos, que buscam evitar situações como a fome, a dor e a privação sexual, entre outras.

A segunda dimensão é a busca orientada para o prazer. Segundo Herzberg (1966), os seres humanos desejam, inexoravelmente, atingir seu próprio potencial pelo contínuo crescimento psicológico. Os aspectos motivacionais do trabalho incluem fatores de crescimento clássico como o reconhecimento, a realização, o progresso, a responsabilidade e a possibilidade de crescimento; já os aspectos do trabalho que causam insatisfação são denominados "fatores de manutenção" e estão relacionados à necessidade de evitar aborrecimentos – entre esses fatores se incluem as condições de trabalho, as relações interpessoais, os salários, as habilidades dos supervisores, as políticas da companhia e a administração.

Essa teoria sugere que a administração, ao insistir no realce de recompensas extrínsecas, falha em sua tentativa de estimular o uso exaustivo das capacidades de seus funcionários, uma vez que esses benefícios apenas tornam o ambiente mais tolerável, mas não mais estimulante. Por mais positivas que as recompensas extrínsecas sejam, elas não afetam a motivação do empregado, apenas reduzem os fatores de insatisfação. Para motivar o empregado, o trabalho em si deve se tornar algo de grande valor. Dessa maneira, apenas as recompensas intrínsecas a ele podem satisfazer às necessidades de nível superior, por oferecerem, como ferramenta principal de motivação, o seu próprio enriquecimento e o das tarefas executadas pelos empregados.

Os princípios evocados para enfatizar a motivação por meio de valores intrínsecos ao trabalho são sete. Logo, deve a administração:

- remover formas de controle, como a manutenção da prestação de contas em presença dos superiores;
- aumentar a responsabilidade individual do trabalhador sobre o próprio trabalho;
- dar a cada um uma unidade completa de trabalho;
- conceder ao trabalhador autoridade adicional na execução de suas próprias atividades;
- elaborar relatórios periódicos sobre a performance dos trabalhadores que sejam acessíveis a estes;
- introduzir tarefas novas e mais difíceis do que as já realizadas;
- atribuir ao trabalhador tarefas específicas e especializadas para estimular sua *expertise*.

Um terceiro modelo, decorrente dos pressupostos da teoria das expectativas sobre a motivação humana, foi proposto por Georgopoulos, Mahoney e Jones (1957). Esses autores observaram que o trabalhador produz em função de suas necessidades individuais, sua percepção da instrumentalidade de uma alta produção e sua liberdade. Um trabalhador estaria, supostamente, mais motivado ao perceber que uma maior produtividade é um caminho para um dos objetivos que almeja. No entanto, para que a relação entre as necessidades do empregado e as expectativas dos resultados se mantenha, é necessário que certas limitações, como a pressão informal do grupo formado pelos colegas de trabalho, sejam minimizadas.

Dentro desse paradigma, Victor Vroom (1964) propôs um modelo de motivação, segundo os pressupostos da teoria das expectativas, baseado em três conceitos: a valência, a expectativa e a força. O primeiro se refere à satisfação que um resultado produz; o segundo, à probabilidade de alcançar o resultado; e o terceiro, ao esforço empregado na tarefa para produzir o resultado. A motivação, nesse contexto, é entendida como um comportamento subjetivamente racional empenhado em obter os resultados esperados, bem como evitar resultados adversos. O foco de Vroom se desloca do conteúdo para o processamento da ação. O resultado desse modelo decorre, assim, da teorização que a probabilidade de uma pessoa realizar uma ação é diretamente proporcional ao produto da valência do resultado multiplicado pelas expectativas de gerar esse resultado:

força (motivação) = valência x expectativa

Porter e Lawler (1968), a partir da conceituação e do modelo propostos por Vroom, desenvolveram um novo modelo motivacional. Os conceitos básicos desse modelo são derivados da estrutura desenvolvida por Vroom, mas elaborados com uma maior reflexão sobre os fatores que intervêm nas relações entre "motivação", "performance" e "satisfação".

A relação entre performance e motivação é afetada pelo leque de habilidades disponível aos indivíduos e pela compreensão destes sobre a definição do próprio trabalho. Já a relação entre recompensa e satisfação é afetada pelo julgamento subjetivo das recompensas obtidas em comparação com a performance e com as recompensas obtidas por outros indivíduos da mesma organização. Assim, se um empregado percebe que está mais comprometido com a organização do que um colega que recebeu uma recompensa maior, haverá perda de satisfação do primeiro.

Em uma revisão desse modelo, Porter e Lawler adicionaram duas modificações. A primeira refere-se a uma conexão entre a performance observada e a percepção na equidade da distribuição das recompensas. Quando um empregado percebe sua boa performance, sua necessidade de trabalhar em um ambiente que distribua as recompensas de maneira equitativa e de acordo com o comprometimento de cada um torna-se maior. A segunda, e mais importante, distingue as recompensas em "intrínsecas" e "extrínsecas". As intrínsecas se relacionam mais propriamente à performance do indivíduo e também às necessidades mais elevadas deste; já as extrínsecas se relacionam às necessidades menos elevadas e, portanto, menos efetivas para estimular melhores performances.

Implicações para as organizações públicas

O leque de modelos motivacionais levantado causa uma preocupação aos gerentes de organizações públicas, pois esses modelos são voltados para as organizações privadas. Cabe, então, a pergunta: "seriam os conceitos e as descobertas empíricas obtidos nas pesquisas que tiveram como foco as organizações privadas também aplicáveis ao setor público?"

A literatura sobre o gerenciamento de recursos humanos no setor público apresenta dois pontos de vista distintos. Glenn Stahl (1983) defende a tese que as diferenças entre os ambientes organizacionais privados e os públicos não são sérias. Sua única preocupação real em relação à adequação da teoria da motivação ao setor público são as decisões políticas, que podem prescrever procedimentos demais e limitar, assim, as técnicas para o enriquecimento do trabalho.

Robert Lee (1979) assume uma posição diferente ao observar que os constrangimentos legais impedem uma aplicação fácil dos princípios motivacionais comumente adotados no setor privado. Segundo Lee, sistemas rígidos de serviço público dificultam a remoção de trabalhadores improdutivos e funcionam como uma barreira à concessão de incentivos financeiros aos produtivos (Lee, 1979:360). Por outro lado, a pesquisa de Cherniss e Kane (1987) encontrou indícios de que os indivíduos que trabalham em organizações públicas não estão mais satisfeitos ou realizados do que os que trabalham no setor privado. Stahl (1983) sublinha que, em relação às necessidades de nível superior, o setor público apresenta uma vantagem intrínseca, pois suas ações são endereçadas a toda a população. O autor argumenta que há muito mais satisfação com o trabalho em organizações públicas pelo simples fato de que estas são voltadas para o coletivo, não são como as organizações privadas. Para Stahl, essa diferença pode aumentar a autoestima do trabalhador.

Guyot (1960), ao comparar agentes de hierarquia intermediária de organizações privadas e públicas, encontrou evidências de que os agentes das segundas sentem maior necessidade de realização, menor necessidade de afiliação e necessidade de poder semelhante à dos agentes das primeiras. Para Vasu, Stewart e Garson (1998), o ponto crucial é que existe uma dificuldade na extrapolação direta dos resultados encontrados em organizações privadas para os ambientes das organizações públicas, pois alguns aspectos fundamentais do trabalho e do ambiente são diferentes quanto às expectativas – a probabilidade subjetiva de alcançar os resultados – e à valência – o valor dos resultados. Buchanan (1974) estabeleceu um conjunto de características em relação às quais as motivações são afetadas no setor público. As organizações públicas, diferentemente de seus pares privados, não apresentam:

- Metas nítidas.
- Reforçadores de significância pessoal.
- Estabilidade de expectativas.

Nos locais onde a administração privada consegue estabelecer objetivos claros e nítidos, os gestores das organizações públicas são sistematicamente confrontados com objetivos difusos ou, mesmo, conflitantes. Ademais, os modelos motivacionais realçam a relação entre objetivos claros e o reforço do significado pessoal da atividade realizada – e até o ganho em satisfação pessoal por ter o objetivo cumprido torna-se menos relevante na análise da motivação dos indivíduos que trabalham em organizações públicas.

Em suma, em uma organização pública, é difícil para um indivíduo ver uma conexão entre o esforço de seu trabalho e o sucesso organizacional. No que se refere aos modelos baseados nas teorias cognitivas das expectativas, a perseguição clara de alguns objetivos é critério central na avaliação do equilíbrio entre a performance dos indivíduos e os resultados que estes buscam.

Para Vasu, Stewart e Garson (1998) e Buchanan (1974), os indivíduos sentem que praticamente inexistem nas organizações públicas comprometimentos estáveis com determinados objetivos. Posto isso, Vasu, Stewart e Garson (1998) entendem que uma transferência simplista dos conceitos desenvolvidos na análise das organizações privadas para as organizações públicas não é razoável, sobretudo no que concerne aos modelos centrados nas expectativas dos indivíduos. Por outro lado, os modelos de "redução ou direcionamento da tensão e crescimento e desenvolvimento humanos", que se centram mais nos indivíduos do que nas expectativas, são mais facilmente transferíveis, uma vez que estes continuam sendo seres humanos portadores de necessidades e donos de características semelhantes.

Intrínseco e extrínseco

Edward Deci (1975) definiu os conceitos de "intrínseco" e "extrínseco" para estudar a motivação. Segundo o autor, uma pessoa é intrinsecamente motivada quando se envolve em uma atividade para se sentir competente e autodeterminada em relação a esta. Não se trata, portanto, de nenhum tipo de recompensa externa à atividade, mas de uma recompensa interna às pessoas, isto é, tratam-se das recompensas intrínsecas a uma atividade, que permitem que o indivíduo se sinta atuante e capaz de dominar o próprio ambiente para alcançar aquilo que deseja ou, simplesmente, obter aquilo de que necessita.

A motivação extrínseca decorre de recompensas externas à atividade, que, por sua vez, reduzem as necessidades externas geradoras de insatisfação, como a fome e a sede, ou aumentam as que geram satisfação, como as recompensas econômicas e as relacionadas à segurança.

Frequentemente, as organizações buscam oferecer aos seus empregados uma mistura de recompensas intrínsecas e extrínsecas. Contudo, no que se refere ao dinamismo da relação entre essas duas formas distintas de recompensa, Deci (1975) relata estudos que mostram que a administração de recompensas extrínsecas acaba por reduzir o nível de motivação se aplicada em atividades intrinsecamente motivadas. Uma importante questão para Deci é o uso ou não de recompensas baseadas nos resultados, uma vez que o emprego de recompensas extrínsecas como forma de motivação do comportamento requer que estas sejam baseadas em performance e resultados; todavia, quando isso é feito, a motivação intrínseca da atividade se reduz. Ademais, recompensas que não são baseadas em resultados não interferem na motivação intrínseca do comportamento, embora também não consigam motivá-lo extrinsecamente. Por outro lado, segundo Locke e colaboradores (1970), há evidências de que os incentivos monetários, que são, por definição, extrínsecos às atividades realizadas, impactam positivamente as performances. Arnold (1976) observou que, quando as motivações intrínsecas são elevadas o bastante, não são afetadas pelas recompensas extrínsecas.

A implicação geral dessas pesquisas é que a gerência de uma organização deve agir estrategicamente e mostrar-se sensível aos efeitos atenuantes que as recompensas extrínsecas produzem nas intrínsecas, inerentes às atividades, à exceção dos casos em que as recompensas intrínsecas são demasiadamente elevadas. De outro lado, se uma atividade oferece pouco em termos de recompensas intrínsecas, o gerente tem pouco a perder na manipulação das extrínsecas (Vasu, Stewart e Gasu, 1998).

Independentemente do tipo de relação entre performance, motivação extrínseca e intrínseca, parece claro nas pesquisas realizadas que, de fato, existe uma relação positiva entre a satisfação e a performance – e, cabe destacar, é importante preservar e desenvolver essa relação, pois, ainda que existam controvérsias a respeito do que isso implica, é evidente que os empregados mais satisfeitos são aqueles que apresentam melhor desempenho e, também por isso, se mantêm por mais tempo na carreira. Destaque-se ainda que, enquanto a satisfação pode melhorar a performance se uma atividade intrinsecamente motivada estimular maior comprometimento da parte dos empregados, a performance pode causar maior satisfação, sobretudo se houver recompensas extrínsecas para os melhores desempenhos.

Do ponto de vista prático, as questões fundamentais para o gerenciamento de uma organização pública são:

- Como produzir alta satisfação?
- E alta performance?

Porter e Lawler (1968) sugeriram dois métodos:

- A construção de um sistema de recompensas para que o grupo de trabalhadores mais efetivo receba, proporcionalmente, maiores recompensas extrínsecas.
- O incremento no grau de dificuldade das tarefas para que se produzam recompensas intrínsecas por meio de novos estímulos.

Capítulo 2

O processo de tomada de decisão e a importância da comunicação

Neste capítulo, abordaremos o processo de tomada de decisão, refletindo sobre os modelos da decisão racional, incrementalista e do equilíbrio pontuado. Por fim, enfocaremos a organização e o homem administrativo, além de estudarmos sobre a importância da comunicação.

Herbert Simon (1947), um dos principais teóricos dos estudos organizacionais, interpretou a complexidade das organizações em relação ao arcabouço processual da tomada de decisão. Essa abordagem é particularmente pertinente na análise das organizações públicas, uma vez que se preocupa com os aspectos políticos da administração pública, que é o diferencial inequívoco em relação às organizações privadas. Nestas, as decisões sobre as prioridades emanam de maneira quase que indiscutível da aceitação geral da busca por lucros.

Drucker (1988) observa que, na análise das organizações privadas, a variação nos lucros sempre é utilizada como forma de comparação com as outras variáveis organizacionais, pois contrasta com estas. Vasu, Stewart e Garson (1998) ilustram esse princípio de maneira bastante elucidativa:

> Se uma divisão de determinada firma apresenta uma taxa de lucro superior à das outras divisões – e como uma decisão sobre o lugar onde alocar as recompensas por mérito decorre logicamente da busca por lucros –, a divisão que representa o centro de obtenção de lucros é o lugar onde os recursos devem ser alocados.

Ainda que o lucro não seja a única motivação presente em organizações privadas, a lógica da competição de mercado vincula a sobrevivência econômica das empresas à obtenção do lucro, que é, portanto, o limitador último do comportamento organizacional privado. Além do mais, o principal mecanismo de maximização de lucros é obtido por meio do princípio da eficiência, isto é, do uso de menos *input* para produzir a mesma quantidade ou mais de *output*. Desse modo, a eficiência administrativa torna-se o objetivo primordial da organização privada.

Diferentemente das organizações privadas, o setor público possui diferentes missões, pois há outros valores a atender, além da eficiência, definidos pelo corpo político ao qual a organização pública responde. Praticamente qualquer objetivo nas organizações públicas pode se tornar politizado e, na sequência, questão do centro do processo decisório. Ao mesmo tempo, as organizações públicas precisam prestar contas a diferentes públicos, o que aumenta a importância das decisões da administração e as torna alvo de uma gama maior de interesses externos. Desse modo, a maior responsividade das organizações públicas torna seus processos mais formais e menos flexíveis, quando comparados aos processos internos das organizações privadas, fato que reduz o leque de instrumentos à disposição da gerência para aumentar a eficiência administrativa.

> **Responsividade**
>
> Capacidade do governo e de seus representantes de atenderem às expectativas e demandas da população. A responsividade de um governo democrático reflete o quanto o processo democrático é capaz de induzir o governante a formular e implementar políticas que atendam efetivamente às expectativas e aos desejos dos cidadãos que o elegem.

Dito isso, é importante ter em mente que a eficiência é apenas um entre os diferentes valores perseguidos pelas organizações públicas, e isso é devido, basicamente, à natureza política de seu processo decisório, que, muitas vezes, se fundamenta em valores que não são eficientes, mas são valorizados pelo corpo político ao qual a instituição responde.

Os três principais valores segundo Vasu, Stewart e Garson (1998):

- equidade;
- responsividade;
- respeito ao devido processo legal.

Harmon (1989) observou que grande parte da literatura sobre a administração pública é voltada para a arena decisória. Entre esses estudos, o autor definiu duas escolas de pensamento: a primeira enfatizou o planejamento nos processos decisórios responsáveis por aumentar a eficiência administrativa – com base em pressupostos sobre a eficiência das orientações de mercado para selecionar as prioridades – e propôs a substituição do mercado de influências políticas pelo mercado econômico propriamente dito; a segunda focou na natureza incremental dos processos decisórios.

Planejamento e modelo de decisão racional

> **CONCEITO-CHAVE**
>
> O "modelo racional compreensivo" assume como pressuposto ideal que o processo decisório é essencialmente racional e está baseado no cálculo dos objetivos a serem perseguidos. Nesse modelo, a tomada racional de decisões inclui a seleção das alternativas que maximizariam os valores do tomador de decisão. A seleção é então realizada a partir de uma análise comparativa das alternativas e de suas consequências; além disso, postula-se uma especificação prévia dos fins e a identificação posterior dos meios para atingir os objetivos definidos (Ham e Hill, 1993); por fim, as soluções são explicitadas em matrizes de tarefas com os recursos, materiais e humanos, adequados para cada uma.

O processo de elaboração desse modelo teria, então, quatro fases eminentemente técnicas, permeadas por um clima consensual e com considerável controle do tomador de decisões. Segundo Smith e May (1980), a abordagem racionalista teria as seguintes fases a cargo do tomador de decisões racional:

i. definição dos objetivos;
ii. formulação dos objetivos;
iii. seleção das alternativas para atingir os objetivos;
iv. avaliação dos resultados.

Esse modelo de análise se aproxima da tese de Woodrow Wilson (1887) a respeito da separação entre administração pública e política. Para Wilson, a administração encontra-se fora da esfera própria da política, de forma que as questões administrativas não seriam questões políticas nem teriam qualquer relação com estas. O campo da administração seria, portanto, um método de ação que faria parte da vida política tal como as máquinas fazem parte do produto fabricado. Dessa maneira, os serviços prestados pelo estado deveriam ser encarados como mercadorias manufaturadas dentro do sistema político pelas máquinas burocráticas (Wilson, 1887).

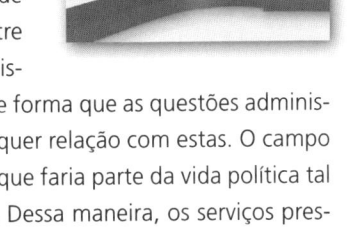

O modelo racional compreensivo, que adotando a terminologia proposta por Lindblom (1980), ao enfatizar a abordagem empírico-analítica, defendeu sua precisão estatística com o objetivo de produzir uma análise sistêmica aos moldes da teoria dos sistemas. Mais importante ainda: defendeu que o objetivo analítico está a serviço do processo decisório governamental. Estudos sobre o assunto ressaltaram os valores de eficiência e eficácia com base em análises de custo/benefício. Estes (custos e benefícios), por sua vez, são acompanhados por meio dos orçamentos dos programas governamentais usados como base de dados para avaliação e possível revisão dos planos em execução (Vasu, Stewart e Garson, 1998).

> **WOODROW WILSON**
>
> Presidente dos Estados Unidos por dois mandatos seguidos – 1912 a 1921. Estudou em Princeton e na Escola de Direito da Universidade da Virgínia, formando-se em 1879. Em 1885, obteve seu título de PhD na Universidade Johns Hopkins em ciência política. Foi reitor da Universidade de Princeton em 1902. Elegeu-se governador de Nova Jersey em 1910, e dois anos depois foi indicado como candidato à presidência dos Estados Unidos pelo Partido Democrata. Venceu a eleição com uma campanha intitulada Nova Liberdade, que destacava o individualismo e os direitos dos estados. Aprovou importantes leis no Congresso americano como a Lei Underwood, a Lei de Reserva Federal e outras. Foi laureado com o Prêmio Nobel da Paz em 1919. Faleceu em 1924.

Teoria dos sistemas

Campo interdisciplinar cujo objetivo é elucidar os princípios gerais aplicáveis a todo e qualquer tipo de sistemas. De maneira geral, o sistema é uma configuração de partes conectadas e unidas por uma teia de relações. A teoria dos sistemas propõe uma visão holística e altamente abstrata da política, influenciada pela cibernética. A adaptação da teoria do sistema foi idealizada por David Easton em 1953. De maneira simplificada, um sistema político pode ser visto como um conjunto de etapas e esferas de decisões delimitado – com fronteiras precisas – e flexível.

O símbolo dessa visão dentro da administração pública e norte-americana foi o National Resources Planning Board, dirigido por Charles Merriam, um dos principais cientistas políticos do período entre guerras e também do período imediato ao término da II Guerra Mundial. Expoente da literatura sobre políticas públicas, o conselho buscava produzir uma ciência política que pusesse de lado as questões de poder e influência e se concentrasse em questões de gestão de governo e planejamento; tratava-se de uma espécie de busca pela racionalização da máquina pública, isto é, por uma eficiência maior das organizações que não atuavam dentro dos princípios de mercado.

A visão do planejamento social emergiu com força nesse período entre guerras e teve grande impacto nas democracias europeias, sobretudo nos países nórdicos. Um argumento em defesa da abordagem do planejamento racional veio de Karl Mannheim (1950) em *Liberdade, poder e planificação democrática*. Mannheim defendeu a necessidade de planejamento com o colapso do livre mercado nos Estados Unidos devido ao surgimento de grupos de interesse gigantes e não controlados como as grandes corporações e centrais sindicais, que erodiam e erodem as condições de existência de um mercado autorregulado.

O planejamento defendido por Mannheim incluía o controle governamental sobre o crescente poder de monopólio das corporações por meio da centralização das principais áreas de decisão, com o objetivo de ampliar a capacidade de fiscalização legislativa e estimular a educação visando o crescimento da democracia; incluía ainda iniciativas governamentais para estimular a cidadania e a competição entre os grupos de interesse. Uma década depois, Gunnar Myrdal (1960) elaborou argumentos semelhantes em defesa de um maior planejamento e advogou por eles.

CHARLES E. LINDBLOM

Professor de economia e ciências políticas e renomado autor, Lindblom é fundamentalmente um questionador das instituições. Sua crítica se dirige essencialmente às organizações democráticas, não para atacar seus pressupostos teóricos, mas para deixar claro sua inoperância dentro do sistema. Entre suas principais publicações estão: *O processo de policy-making*, *A inteligência da democracia* e *Uniões e capitalismo*.

KARL MANNHEIM

Sociólogo alemão. Destacou-se pelos estudos sobre a sociologia do conhecimento. Doutor em filosofia. Estudou línguas e ciências sociais nas universidades de Budapeste, Berlim, Paris, Freiburg e Heidelberg. Foi professor de sociologia e diretor do Departamento da Universität Frankfurt am Main, professor de sociologia na Universität Heidelberg e na London School of Economics. Lecionou, também, filosofia e sociologia da educação, na University of London. Entre suas principais obras estão *Ideologia e utopia* e *Homem e sociedade na era da reconstrução*.

GUNNAR MYRDAL

Economista sueco socialista. Formado em direito e doutor em economia pela Universidade de Estocolmo. Foi professor associado no Instituto de Estudos Internacionais de Genebra, na Suíça. Foi professor emérito de economia política e de economia internacional na Universidade de Estocolmo. Publicou *The political element in the development of economic theory* e *Beyond the welfare state: economic planning and its international implications*, entre outros livros.

O modelo incrementalista

Três ordens de críticas foram feitas ao modelo administrativo de decisão racional e planejamento social. A primeira refere-se às críticas liberais oriundas do economista austríaco Friedrich Hayek, que encontrou defensores na University of Chicago por meio do pensamento de economistas como Milton Friedman, Michel Polanyi, Edward Banfield e Charles Lindblom. Hayek, em *Collectivist economic planning* (1935) e *The road to serfdom* (1944), argumenta que, sempre que possível, o planejamento governamental deve transferir a responsabilidade sobre a coordenação das decisões sociais para os mecanismos de mercado, pois a competição privada gera resultados mais eficientes do que a alocação planejada administrativamente. Além disso, os burocratas são menos inovadores e as organizações públicas mais propensas à estagnação. Para Hayek, o planejamento administrativo seria a antítese da liberdade, porque só pode ser implementado por meio das medidas coercitivas à disposição do Estado. Acima de tudo, o planejamento seria, por definição, inferior à alocação por meio do mercado devido à ausência do critério da maximização dos lucros, inerente às organizações privadas.

> **FRIEDRICH HAYEK**
>
> Doutor em direito e economia política. Foi professor de economia na London School of Economics. Grande defensor do liberalismo. Ganhou o Prêmio Nobel de Economia em 1974. Suas publicações incluem: *A teoria pura do capital*, *Individualismo e ordem econômica*, *A constituição da liberdade*, *Estudos em filosofia, política e economia* e *A ordem política de um povo livre*.

Milton Friedman, por sua vez, em *Capitalism and freedom* (1962) e *Free to choose* (1980), argumenta que existem apenas dois modos de coordenar o processo decisório governamental:

- Por meio do planejamento central.
- Por meio dos mercados.

Segundo sua visão, o planejamento é intrinsecamente coercitivo, pois, enquanto o mercado pode fazer ao mesmo tempo bilhões de decisões que reflitam as preferências dos consumidores, o governo responde apenas pela aceitação ou não de todo o mandato político durante o período eleitoral. E a pior faceta disso é que, para Friedman, a maior parte dos programas governamentais é desnecessária e indesejável.

Uma crítica importante ao pensamento liberal de Friedman foi feita por James Galbraith (2008). Para o autor, a crítica ao planejamento social feita pelos liberais faz uma associação equivocada entre liberdade econômica e liberdade política. Para Galbraith, a liberdade defendida pelos economistas austríacos não decorre de uma argumentação que valorize a participação das massas no processo político, pois trata apenas da liberdade de comprar bens, serviços e produtos, seja equitativa ou não a distribuição de recursos. Inclusive, é possível a associação entre liberdade econômica e autoritarismo político, do qual o regime militar chileno é grande exemplo.

A segunda crítica veio de Herbert Simon (1945). Simon propôs uma teoria alternativa sobre o processo decisório, sem a pre-missa de um planejamento central e racionalizado das decisões sociais e sem a abdicação da administração pública para o mercado, como advogado pelos liberais. Simon propôs uma abordagem na qual o processo administrativo envolveria um cuidadoso exame das opções disponíveis para que a decisão satisfizesse aos objetivos da organização, sem obter resultados ideais ou ótimos, já que tal desfecho não seria possível. A capacidade de obtenção de resultados apenas satisfatórios, e não ótimos, seria decorrente do fato de que há limites práticos à racionalidade humana e estes não são estáticos, mas dependem do ambiente organizacional em que as decisões dos indivíduos são tomadas. Consequentemente, a tarefa da administração é conceber esse ambiente de tal forma que o indivíduo se aproxime tanto quanto possível da racionalidade – julgada com base nas metas da organização – no momento de tomar suas decisões (Simon, 1945). Ainda em relação a esse ponto – a busca de resultados satisfatórios, e não ótimos –, em trabalho posterior, Simon desenvolveu o conceito de "racionalidade restrita", que obteve bastante penetração nos mais diversos campos de debate das ciências sociais.

> **MILTON FRIEDMAN**
> Economista norte-americano, decano da Sociedade Mont Pèlerin, tendo participado de sua fundação, em 1947. Em sua vida acadêmica, de reputação conquistada à frente do Departamento de Economia da Universidade de Chicago, publicou inúmeras obras sobre política e história econômica. Prêmio Nobel de Economia em 1976. Os estudos de econometria levaram-no a fundar a escola monetarista, que marca forte relação entre oferta de moeda e nível de atividade econômica. Nas décadas de 1960 e 1970, foi um dos poucos a defender a disciplina monetária – e fiscal – como única saída para o surto de inflação provocado pelos governos em quase todo o mundo.

Por fim, a terceira crítica é a proposta pluralista de Charles Lindblom (Ham e Hill, 1993; Warner, 2008). Em sua crítica ao racionalismo compreensivo, Lindblom (1959), em seu famoso artigo "The science of muddling through", argumentou que, em muitos processos de elaboração de políticas, os meios e os fins são escolhidos simultaneamente dentro do processo administrativo. Devido a isso, esse autor propôs um modelo alternativo baseado na ideia das comparações sucessivas e limitadas: o "incrementalismo".

> **Incrementalismo**
>
> Método de operação das organizações no qual um projeto avança por meio de um grande número de pequenas mudanças incrementais não planejadas em vez de poucos, mas planejados, grandes saltos. Em políticas públicas, o incrementalismo refere-se ao método de mudança pelo qual um grande número de pequenas alterações são realizadas ao longo do tempo, criando ao final uma ampla mudança na política pública. Charles Lindblom foi um dos primeiros desenvolvedores e defensores da teoria do incrementalismo na política e na tomada de decisões. Na sua opinião, o incrementalismo é um meio termo entre o modelo racional compreensivo e o modelo da racionalidade limitada.

Lindblom defendeu a tese que os tomadores de decisão não iniciam uma política a partir de objetivos ideais específicos, pois suas decisões consideram apenas mudanças incrementais ou nas margens das políticas já executadas. Apenas um número bastante restrito de alternativas políticas é revisto e um número limitado de consequências é previsto e avaliado para qualquer alternativa à disposição do tomador de decisões (Smith e May, 1993). Ademais, em contraste com as proposições do modelo racional compreensivo, no qual os meios se ajustam aos fins, o incrementalismo pressupõe o oposto, uma contínua e recíproca relação entre meios e fins, uma vez que o tratamento dado pelo tomador de decisões aos meios e aos fins é simultâneo (Ham e Hill, 1993; Smith e May, 1993). Lindblom também notou que uma compreensão completa sobre os fatores que produzem um problema e os fatores que o solucionam ainda não foi alcançada; assim, o tomador de decisões não pode adotar, confiantemente, uma política apenas com base em uma teoria coerente.

Lindblom viu inadequações na abordagem da racionalidade sinóptica. Para ele, não existe um real consenso sobre quais valores serão postos como prioridade pela administração pública, além de não haver uma forma de descobrir a opinião majoritária antes que a discussão pública, que usualmente acompanha o desenvolvimento da política, comece. Em outras palavras, os valores a serem defendidos emergem como parte do desenvolvimento de uma política pública, não antes disso. Ademais, os administradores públicos precisam combinar uma variedade de valores em uma mesma política: eficiência, equidade, responsividade e respeito ao devido processo legal. Cabe destacar que, quando esses valores se contradizem, o gerente da organização pública responsável não dispõe de nenhum critério universal para equilibrá-los.

Outro aspecto pouco realista da abordagem racional é baseado na incapacidade do administrador de dispor de informações sobre todas as alternativas possíveis de adoção: algumas informações podem custar tempo, esforços e recursos; outras podem não ser divulgadas por haver atores interessados na não adoção de certas alternativas; outras ainda podem não ser aceitáveis pela comunidade política à qual a organização pública responde.

Pelas razões levantadas, Lindblom defende, então, que os administradores não podem formular valores importantes e depois escolher a política adequada: precisam escolher, entre as políticas que valorizam, especificamente, conjuntos diferentes de valores; assim, os meios e os fins de uma política devem ser escolhidos conjuntamente.

Braybrooke e Lindblom (1963:102) concluíram que:

> Dado que a análise de políticas – além de incremental, exploratória e serial – é marcada por ajustamentos dos fins aos meios, é esperado que aspirações estáveis e de longo prazo não pareçam valores críticos dominantes aos olhos do analista. As características de apoio estratégico estimulam o analista a identificar mais situações ou problemas dos quais se distanciar que objetivos em direção aos quais se mover.

Dessa maneira, o teste final para uma boa política não é feito com base em algum argumento teórico, mas, sim, no grau de concordância que existe sobre essa política.

A organização e o homem administrativo

Se o modelo do planejamento racional recebeu críticas, a proposta de solução por meio do mercado também foi alvo destas. Sublinhou-se que as decisões são controladas pelos tomadores de decisão, que ocupam as posições de alta hierarquia das organizações públicas. Portanto, a natureza da decisão política deveria estar entre o incrementalismo, o mercado e o modelo racional.

O modelo de Simon (1947), centrado nos conceitos de "racionalidade limitada" e busca por resultados satisfatórios, foi amplamente aceito, uma vez que preserva a posição analítica fundada na permanência de alguns gerentes de elite dentro da administração pública, sem recorrer aos pressupostos da abordagem racional sinóptica.

> **CONCEITO-CHAVE**
>
> Racionalidade limitada significa que os tomadores de decisão planejam suas decisões do seguinte modo:
> - Observam um conjunto limitado de alternativas disponíveis.
> - Avaliam algumas consequências de cada uma.
> - Usam somente pressupostos de causa e efeito altamente simplificados.

A busca por "satisfação" implica que os tomadores de decisão não busquem a solução ótima, mas, sim, a primeira que os critérios mínimos preestabelecidos considerem necessária e satisfatória.

Para isso, Simon (1947:xxv) propôs um homem distinto do homem econômico racional e maximizador, o homem administrativo.

> Economic man deals with the 'real world' in all its complexity. Administrative man recognizes the world he perceives is a drastic simplified model of the buzzing, blooming confusion that constitutes the real world. He is content with this gross simplification because he believes that the real world is mostly empty, that most facts of the world have no great relevance to any particular situation he is facing and that most significant chains of causes and consequences are short and simple [...] hence, he is content to leave out those aspects of reality – and that means most aspects – that are substantially irrelevant at a given time. He makes his choices using a simple picture of the situation that takes into account just a few of the factors that he regards as most relevant and crucial.[2]

As decisões podem ser resultado de premissas tomadas em momentos anteriores, já que estas fornecem um sistema de valores já assumido na organização. Isso facilita e simplifica a tomada de decisão. Além disso, aumentam ou reduzem a propensão da organização para adotar determinadas alternativas, uma vez que os procedimentos operacionais padrão já em execução alteram os custos das diferentes alternativas e as decisões são tomadas sob pressão, em períodos de tempo predeterminados.

No que respeita às questões práticas, Vasu, Stewart e Garson (1998) entendem que o modelo de Simon oferece uma descrição mais acurada da realidade ao sugerir que não há grande quantidade de tempo nem recursos suficientes para investir na avaliação das alternativas. Além disso, há recursos que não servem mais em razão de decisões tomadas anteriormente. O modelo sugere ainda que a gerência deve investir tempo e energia no desenvolvimento do equipamento organizacional, esclarecer os objetivos gerenciais e a partir deles socializar os empregados. Por fim, as rotinas para a operação cotidiana da gerência devem também ser especificadas e a administração deve reservar tempo e investir recursos para melhorar a comunicação interna da organização.

---

[2] O Homem econômico lida com o "mundo real" em toda a sua complexidade. O homem administrativo reconhece que o mundo que ele percebe é um modelo drasticamente simplificado das complexidades que florescem no mundo real. Ele está contente com esta simplificação grosseira, porque acredita que o mundo real é vazio e que a maioria dos fatos do mundo não tem grande relevância para qualquer situação que ele esteja enfrentando e que as mais importantes correntes de causas e efeitos são curtas e simples (...). Por isso, ele se contenta em deixar de fora alguns aspectos da realidade – e isso significa a maioria dos aspectos – que são substancialmente irrelevantes em um dado momento. Ele faz a sua escolha com uma simples imagem da situação, levando em conta apenas alguns fatores que considere relevante e crucial.

O modelo de Simon é uma crítica importante às teorias organizacionais tradicionais, pois enfatiza os limites da racionalidade e critica os princípios de comunicação hierárquica da administração científica de Taylor, as linhas unitárias de autoridade e a otimização do processo de decisão. Além disso, Simon enfatiza a importância do controle gerencial, não pelos instrumentos de planificação, mas pela influência de valores organizacionais, padrões de comunicação e procedimentos operacionais.

O modelo do equilíbrio pontuado

A abordagem de Simon sobre o processo decisório das organizações também foi escrutinada pela literatura posterior. Alguns criticaram o conceito de "racionalidade limitada", uma vez que este não se traduz como uma descrição totalmente acurada da realidade. Para esses críticos, é possível que os tomadores de decisão não avaliem um número limitado de alternativas em relação a um leque também limitado de consequências, mas optem por responder a determinados problemas para os quais dispõem de solução e ignorem, por vezes, outros, inclusive alguns mais graves, para os quais ainda não dispõem de técnicas ou equipamentos para solucionar, ou cuja solução simplesmente não é de interesse da organização.

CONCEITO-CHAVE

O modelo *garbage can* ou "da lata de lixo" foi desenvolvido por Cohen, March e Olsen (1972). Nesse modelo os autores argumentaram que as escolhas de políticas públicas são feitas como se as alternativas estivessem em uma "lata de lixo", uma vez que existem vários problemas e poucas soluções. As soluções não seriam detidamente analisadas e dependeriam do leque de opções que os tomadores de decisão (*policy makers*) teriam no momento.

Segundo esse modelo, as organizações são formas anárquicas que compõem um conjunto de ideias com pouca consistência. Elas constroem as preferências para a solução dos problemas, não o contrário. Como a compreensão dos problemas e das soluções é limitada, as organizações acabam por operar em um sistema de tentativa e erro. Em síntese, o modelo advoga que "soluções procuram por problemas" (Souza, 2006).

Etzioni (1967) oferece uma alternativa em seu artigo "Mixed-scanning: a 'third' approach to decision-making". Nesse trabalho, ele aborda uma perspectiva inovadora ao desenvolver um arcabouço que combina elementos racionalistas e incrementais. Assume a crítica basilar contra o modelo racionalista ao afirmar que este faz suposições sobre as capacidades analíticas e os recursos dos administradores que não encontram respaldo na realidade. Observa que o incrementalismo, por sua vez, apresenta potenciais problemas no processo de decisão social, pois, se todas as decisões forem tomadas segundo um processo incrementalista desarticulado, nem todos os interesses serão equitativamente representados. De fato, os grupos que dispõem de menos recursos seriam, potencialmente, sub-representados no mercado de ideias ou na barganha pluralista da qual o incrementalismo tira suas conclusões teóricas.

Além disso – e mais importante –, para Etzioni, o incrementalismo ignora processos de inovação que revolucionam certas atividades organizacionais e também níveis mais elevados de decisão em que as políticas podem ser mudadas de maneira mais incisiva. A noção de incrementalismo acaba por dar um peso exagerado ao *status quo*;. Nessa direção, o autor argumenta que durante algumas tomadas de decisões fundamentais, objetivos importantes são substituídos. O *mixed scanning model* busca criar, assim, um campo intermediário entre o incrementalismo limitado, focado no *status quo*, e o racionalismo sinóptico, utópico e irrealista, ao combinar um nível mais elevado do processo decisório com um nível inferior e mais suscetível ao incrementalismo.

Status quo

Estado em que algo se encontra, estado atual.

Etzioni observa que, sem uma perspectiva teórica (sobre as organizações públicas) que desconsidere o panorama político, importantes variáveis que afetam o comportamento organizacional serão deixadas de lado.

CONCEITO-CHAVE

Uma atualização desse argumento são os modelos de equilíbrio pontuado de Baumgartner e Jones (1993). A "teoria do equilíbrio pontuado" tem como objetivo explicar que o processo político é caracterizado por ser, em grande parte, estável e ter mudanças incrementais, que, não obstante, são pontuadas por momentos curtos de mudanças em grande escala (True, Jones e Baumgartner, 2006). Ao incorporar a existência de longos períodos de estabilidade com mudanças ocasionais dramáticas, porém infrequentes, esse modelo foi capaz de sintetizar o debate entre os defensores do incrementalismo e seus críticos. Os equilíbrios pontuados teriam origem nos processos de retroalimentação nas instituições políticas e no processo de mudança incremental.

A análise é fundamentada em dois alicerces básicos: as instituições políticas e a racionalidade limitada dentro do processo decisório. A racionalidade limitada e as instituições influenciam o processo de elaboração de políticas, pois os indivíduos e as organizações não conseguem devotar atenção integral a todos os assuntos que os interessam e, devido a isso, há um compartilhamento institucional de funções políticas e de políticas próprias para o processamento da informação (Robinson, 2006).

O modelo enfatiza dois elementos relacionados no processo político, que, conjuntamente, explicariam a mudança incremental e a mudança profunda: a definição dos problemas e a definição da agenda. Os problemas são definidos no discurso público de maneiras diferentes e, com a ascensão e a queda dos assuntos nas agendas, as políticas vigentes podem ser reforçadas ou questionadas. O reforço cria dificuldades para grandes mudanças, já que permite apenas alterações nas margens. Já o questionamento das políticas vigentes promove a abertura de oportunidades para mudanças abruptas e de grande relevo. O processamento paralelo opera contra mudanças de políticas, pois, ao processar assuntos dentro de cada subsistema – e saliente-se, cada subsistema pode ser dominado por apenas um interesse –, torna o ajustamento, que resulta de respostas às mudanças nas circunstâncias, incremental. Todavia, no centro das atenções da macropolítica, algumas questões podem "pegar fogo", dominar a agenda e resultar em profundas mudanças dentro de um ou mais subsistemas. Isso ocorre quando o processamento paralelo se esvai, o assunto entra na agenda da macropolítica, se move para um nível mais alto da agenda pública e cria as possibilidades para que dinâmicas não incrementais ocorram (Baumgartner e Jones, 1993).

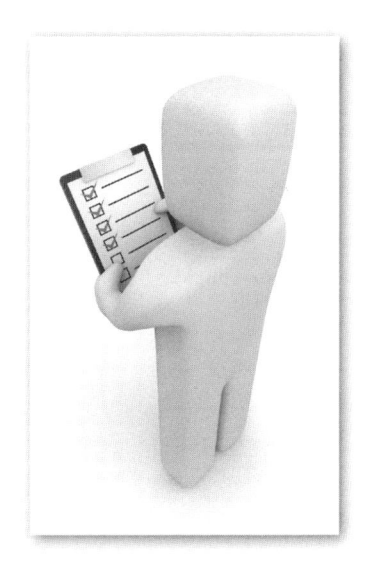

Comunicação

A comunicação é fundamental não só para o gerenciamento interno da organização como também para sua própria manutenção, pois é por meio da comunicação que todo o corpo pessoal que forma a organização chega ao sistema nervoso central desta. Isto é, apenas por meio da comunicação os funcionários estabelecem contato com a figura central da gerência: o *manager*.

> **COMENTÁRIO**
>
> O *manager* da organização é a pessoa que tem acesso às informações oriundas de diversas fontes e pode estabelecer uma compreensão mais extensa da própria organização e do ambiente em que ela está inserida. Ele é o responsável por captar a informação externa, disponibilizá-la e fazê-la passar de um subordinado para outro. Da mesma forma, é o responsável por ser o *spokesman*, o porta-voz da organização em relação aos grupos que lhe são externos e transmitir as informações a esses grupos.

A comunicação, mesmo fundamental, pode apresentar um lado problemático para as organizações, operando não só como base para a manutenção das relações mas também como fonte de problemas. Isso se dá, sobretudo, nas organizações públicas, em que é comum a compreensão da informação em seu sentido mais literal e restrito: a mera comunicação hierárquica entre superior e subordinado. No entanto, a comunicação vai bem além desse sentido limitado, pois existem formas verbais, não verbais, diferentes estruturas comunicativas e, principalmente, a importantíssima faceta do "saber ouvir", sem a qual a comunicação tende a falhar.

Goldhaber (1979) aponta que a comunicação organizacional ocorre em um complexo sistema influenciado pelo meio ambiente. Além disso, há que se considerar o impacto das mensagens que circulam – fluxo de extensão, propósitos, direções e mídia – e o comportamento das pessoas – habilidades, sentimentos, relacionamentos e competências – que as veiculam.

De acordo com Tortoriello e colaboradores (1978), a comunicação organizacional é o estudo do fluxo e do impacto das mensagens dentro de uma rede de inter-relações. Trata-se de um processo em que as mensagens tro-

> **GERALD M. GOLDHABER**
>
> Doutor em comunicação organizacional e interpessoal pela Purdue University, mestre em teoria da comunicação pela University of Maryland e bacharel em discurso pela University of Massachusetts. Fundador da Goldhaber Research Associates. Designer e avaliador de instruções de aviso e segurança em empresas dos Estados Unidos. Atuou como professor visitante em diversas universidades, entre elas Universidade de Barcelona e University of Montreal. Publicou, além de outros livros, *Organizational communication* e *Transactional analysis: principles and applications*.

cadas dentro do ambiente organizacional podem produzir incertezas tanto para os indivíduos quanto para os grupos ligados à organização (Goldhaber, 1979).

Berlo (1960) entende que a comunicação tem um caráter processual dinâmico, contínuo e progressivo; é um fenômeno que ocorre entre emissores e receptores e cujo movimento se dá longitudinalmente no tempo e no espaço.

A comunicação dispõe de instrumentos responsáveis por "carregar" significados, como a linguagem humana, e de símbolos usados para transferir sentidos. Entretanto, um mesmo símbolo pode receber mais de uma interpretação, da mesma forma que o mesmo símbolo pode "carregar" valores semânticos diversos e sofrer as influências de variáveis como espaço e tempo. Dessa forma, diferentemente das ciências exatas, a linguagem é, por definição, "carregada" de ambiguidades. Os diversos sentidos conotativos, não raro, produzem distorções e mal-entendidos na comunicação humana. Assim, sem a compreensão precisa dos termos usados, o sentido que se quer transmitir pode não ser compreendido pelo receptor ou, simplesmente, ser entendido de modo falho, incompleto ou, até mesmo, totalmente diverso do esperado.

Além da linguagem (fala/idioma), outros instrumentos podem servir para transmitir mensagens, como a linguagem corporal, as expressões faciais, o tom de voz, entre outros. Hayes (1977) constatou que, na comunicação humana, quando os instrumentos verbais e não verbais são inconsistentes e inseguros em seus objetivos comunicativos, os receptores tendem a dar um maior peso aos instrumentos não verbais a fim de decifrar a mensagem enviada pelo emissor.

É evidente que a comunicação, como um processo dinâmico e constantemente mutável, necessita de diferentes atores:

- emissários;
- receptores;
- mensagens;
- canais de comunicação;
- redes de relacionamento.

Diante desse dinamismo, a análise do fenômeno comunicativo deve basear-se na realidade organizacional e em seus elementos, como se fossem estáticos em algum momento.

> **DAVID K. BERLO**
> Professor e pesquisador. Doutor em comunicação pela University of Illinois. Responsável pela criação do primeiro programa de comunicação em nível de graduação. Foi professor assistente e presidente do Department of General Communication Arts, na Michigan State University. Foi presidente da Illinois State University. Publicou *The process of communication: an introduction to theory and practice*.

A comunicação organizacional, normalmente, é intencional, consciente, direta e propositiva; não obstante, em alguns casos, pode ser inconsciente. Segue um exemplo:

> Se um gerente comunica algo a seu subordinado, transmite a informação que deseja e explica o modo como deve ser implementada, age conscientemente. Por outro lado, em uma conversa com seu subordinado sobre algum assunto relacionado a qualquer coisa da organização, se esse gerente começa a olhar constantemente para o relógio, inconscientemente comunicará algo ao subordinado por meio de uma comunicação não verbal.

Os diferentes instrumentos de comunicação também podem causar uma variação na riqueza dos dados a transmitir, isto é, existem meios de comunicação que possibilitam maior repasse de informação em menos tempo do que outros, posto que esses meios não são idênticos entre si.

> A conversa por telefone – ou o comunicado –, a interação face a face, o "bate-papo" – conversa informal –, a comunicação por meio de ofícios, e-mails, memorandos, entre outros, exemplificam modos de comunicação bem diferentes entre si.
>
> Não há dúvida de que a interação face a face é a mais rica em dados devido às múltiplas possibilidades de entendimento do significado da mensagem. Para constatar esse fato, basta compará-la à leitura de um memorando ou à de um e-mail, por exemplo. Em ambos, se não houver uma precisão técnica nos termos usados e a mensagem não estiver clara, a informação pode perder muito de sua riqueza e exigir, inclusive, que o receptor procure, pessoalmente, o emissor para mais esclarecimentos. Portanto, conclui-se que a comunicação face a face é importantíssima para a organização, seja esta pública ou privada.

A comunicação verbal e a não verbal

A comunicação verbal, costumeiramente, pode ocorrer em três situações dentro das organizações.

Em uma primeira situação, a informação é transmitida pelo *manager* para os demais membros por meio de instrumentos como manuais, diretivas escritas, cartas, ofícios, memorandos, guias operacionais e *newsletters*.

Já em uma segunda situação, a informação circula entre a gerência (*management*) por meio de grupos, equipes, departamentos e projetos. Nesse contexto, os instrumentos típicos são as reuniões.

Na terceira situação, figura a comunicação entre um empregado, ou um indivíduo, e um *manager*. Essa situação é típica de uma entrevista, ou seja, é a forma usada para contratar, promover ou ainda para avaliar uma performance.

Para a primeira situação apresentada, é possível estipular sete pontos fundamentais para dotar a comunicação de maior precisão:

(1) escrever a mensagem da maneira mais curta possível;
(2) identificar três ou quatro objetos para determinar o propósito da mensagem;
(3) na hora de decidir sobre o que escrever, considerar as seis questões básicas do jornalismo: "quem, o que, quando, onde, por que e como";
(4) ordenar as sentenças em ordem de prioridade; procurar verbos sinônimos nas sentenças correlatas;
(5) seguir a ordem direta do discurso: sujeito + (verbo + complementos) = sujeito + (predicado);
(6) eliminar palavras desnecessárias e verbos de conexão;
(7) usar apenas um verbo por sentença.

Sentenças correlatas

Sentenças subordinadas e coordenadas.

Verbos de conexão

Verbos que não indicam a ação, mas estado, qualidade ou condição do sujeito. Os verbos de conexão fazem a ligação entre o sujeito e suas qualidades ou características.

Na segunda situação, antes de qualquer reunião, o emissor – no caso, o *manager* – deve:

(1) estabelecer um propósito claro para o encontro;
(2) limitar o número de pessoas que participarão;
(3) estabelecer e distribuir previamente uma agenda;
(4) circular previamente o material de apoio necessário;
(5) escolher uma data e um local apropriados para sediar a reunião.

Além disso, uma reunião deve começar e terminar no tempo estipulado, que deve ser suficiente para abordar os assuntos considerados importantes dentro da agenda preestabelecida. Para a efetividade da comunicação, a reunião não pode acabar sem nenhuma conclusão, ou seja, é fundamental terminar o encontro com uma definição ou uma questão positiva. Uma ata que sumarize os trabalhos do encontro deve ser elaborada para que fique registrado tudo o que foi estabelecido na reunião, inclusive alguma indicação sobre a próxima a ser marcada. Durante o tempo posterior à reunião, para comprovar se tudo foi entendido, é necessário conduzir um período de avaliação dos efeitos provocados pelo encontro.

Enquanto nas duas situações anteriores a comunicação verbal tem um forte componente escrito, na terceira há um contato interpessoal muito intenso, em que sobressai a comunicação não verbal. O comportamento não verbal tem grande importância em uma entrevista: o contato "olho no olho", os gestos, os sorrisos e o tom de voz, entre outros fatores, são essenciais na interação entre entrevistado e entrevistador (Imada e Hakel, 1977; McGovern e Tinsley, 1978; Washburn e Hakel, 1973; Wexley, Fugita e Malone, 1975).

Comunicação vertical e horizontal

CONCEITO-CHAVE

A comunicação é o fundamento do controle e da coordenação dentro das organizações. Dividida em "vertical" e "horizontal", a primeira é aquela cuja informação é veiculada pela autoridade, é a que se utiliza das bases hierárquicas. Funciona de cima para baixo – e de baixo para cima – e inclui instruções operacionais de trabalho, racionalidade das atividades do trabalho, procedimentos, práticas, *feedback* e esclarecimentos sobre os objetivos da organização e a relação destes com os objetivos individuais.

Muitos autores sustentam que a abertura comunicacional entre subordinados e superiores é de fundamental importância para o sucesso da organização (Likert, 1967; Burke e Wilco, 1969; Jablin, 1978; Eisenberg, Monge e Miller, 1983; Argyris, 1966); estudos recentes enfatizam que isso tem relação direta com o aumento dos níveis de satisfação das pessoas que ali trabalham (Pincus, 1986), porém essa abertura comunicativa só existirá se tanto o superior quanto o subordinado olharem um para o outro como "ouvintes e oradores". Goldhaber (1979) conclui que, na comunicação vertical, ouvir é uma das formas mais eficientes de aumentar a qualidade e o progresso da comunicação.

> **CONCEITO-CHAVE**
>
> A comunicação horizontal, por sua vez, emerge da informação trocada no interior da estrutura dos trabalhos; em outras palavras, consiste na informação trocada dentro de setores, departamentos e unidades que estejam no mesmo nível hierárquico. Dessa maneira, não se trata de comunicação de cima para baixo nem de comunicação de baixo para cima.
>
> Ela é tipicamente usada para coordenar trabalhos, resolver problemas, dividir informações e resolver conflitos (Goldhaber, 1979). Contudo, é um tipo de comunicação que não costuma produzir grandes efeitos na organização, porque acontece, normalmente, onde há setores rivais, alto grau de especialização ou simplesmente falta de estímulo para que haja uma efetiva comunicação. Conboy (1976) propõe como solução a elaboração do desenho de um sistema de recompensas que reforce as comunicações horizontais e desencoraje o acúmulo e a retenção de informações dentro de um mesmo setor.

Cabe destacar que as comunicações vertical e horizontal são partes das organizações, mas a comunicação informal também tem seu papel, não deixando de ter importância.

O lugar que cada indivíduo ocupa na rede de comunicação tem impacto na organização. Algumas pessoas ocupam "lugares estratégicos" e, em função disso, exercem papéis fundamentais para a vida da organização. Em geral, tratam-se daquelas pessoas que são alcançadas pelos demais somente por canais de comunicação restritos.

> **COMENTÁRIO**
>
> Albrecht (1979) acredita que essas pessoas – que ocupam lugares estratégicos – são as que possuem alto nível de satisfação, pois se identificam muito com o gerenciamento da organização quando acreditam estar muito próximas aos canais de comunicação em que as decisões são tomadas.

Não existe um modelo fixo e universal de rede comunicativa em uma organização. Existem alguns modelos mais estudados, como os de *wheel, chain, circle* e *all channel*. A forma e a função de cada modelo devem estar de acordo com as circunstâncias que envolvem a organização em dado contexto (Conboy, 1976). Cabe destacar que, uma vez adotados, os modelos vão mudando de acordo com as necessidades e os novos desafios que surgem dentro e fora da organização.

Os novos instrumentos de comunicação: Twitter e Facebook

Digno de nota nos estudos comunicativos organizacionais são os papéis exercidos pela informática. Os computadores desempenham um papel fundamental tanto nas organizações privadas quanto nas públicas. Não há dúvidas de que vários sistemas de informática, os softwares, são desenvolvidos para ampliar a capacidade e a eficiência comunicativa a fim de aumentar tanto a precisão da comunicação quanto sua velocidade. Além disso, os sistemas de busca pela internet, como o Google, são capazes de ampliar o leque de fontes de dados, o que é extremamente relevante, sobretudo para as organizações públicas.

Existem poucos estudos acerca do impacto que as novas tecnologias na internet exercem sobre a comunicação organizacional. Novos instrumentos como o Twitter e o Facebook, e até os já "antigos" como o Messenger – MSN, têm causado um abalo no tradicional *modus operandi* da informação que não pode ser ignorado. Graças a eles o fluxo informativo e a conectividade entre as pessoas ocorrem em alta velocidade. Esses instrumentos merecem estudos mais abrangentes, pois dificilmente ficarão de fora da vida organizacional, seja ela pública ou privada.

A troca de informações por meio desses instrumentos – denominados "redes sociais" – tem causado impacto não somente no meio jornalístico, mas também nos mundos corporativo e institucional. Os governos já possuem suas páginas na internet e já oferecem o Twitter e o Facebook como forma de contato interno e externo. Da mesma forma, membros das organizações, além de seus e-mails, disponibilizam seus twitters e seus facebooks para que sejam "seguidos" por outros membros ou até por pessoas externas, que podem utilizá-los como meio de comunicação informal e, em algumas situações, até formal.

Não há nenhuma dúvida de que esses fenômenos tecnológicos merecem um apurado estudo, pois apresentam uma enorme variedade de novos desafios, incrementos na informação e, certamente, problemas que surgirão ao longo do tempo.

A capacidade de ouvir e seu impacto na comunicação

A capacidade de ouvir é fundamental para a efetividade da comunicação. Afinal, a maioria das pessoas tem uma enorme dificuldade em desenvolver essa habilidade. Ouvir não é uma atividade fácil, pois envolve uma enorme capacidade crítica, de autocrítica e a necessidade de se despir, momentaneamente, de visões pessoais e modelos de mundo. Não é fácil ouvir aquilo que não atende ou não satisfaz ao que se quer ouvir; é mais fácil ouvir aquilo que condiz com o que se pensa.

Ouvir uma informação envolve as habilidades processuais de:

- receber;
- internalizar;
- analisar;
- criticar;
- concluir.

Estudiosos afirmam que a habilidade de ouvir pode ser desenvolvida ao longo da vida. Ralph Nichols (1962) propôs 10 pontos para que o ouvinte possa desenvolver essa habilidade: (1) encontrar algo que possa interessá-lo naquilo que está sendo dito; (2) julgar o conteúdo, e não o modo como uma pessoa diz algo; (3) esperar que a pessoa que fala termine de falar; (4) atentar para a ideia central do que a pessoa diz; (5) ser flexível nos métodos de gravar as palavras-chave presentes no discurso de quem fala; (6) dar atenção consciente a quem fala; isto é, não fingir que está prestando atenção; (7) resistir às distrações do ambiente em que ambos estão e concentrar-se na fala; (8) exercitar a mente para superar a dificuldade de ouvir; (9) identificar as palavras que estão carregadas de algum tom emotivo para saber separá-las e analisá-las com cuidado; (10) pensar sobre o que foi dito durante o mesmo tempo que gastou para ouvir.

Ouvir é uma atividade difícil, pois as palavras não "carregam" apenas sentidos literais ou óbvios. Por isso, para ouvir, é necessário sempre aguardar o término da comunicação, pois uma palavra dita no início de uma conversa pode ganhar um sentido totalmente diferente se conectada a outra palavra, frase ou expressão mencionada no final. Além disso, os sentimentos do ouvinte podem dotar de significado diverso a comunicação alheia; por isso, é importantíssimo que ele, ouvinte, consiga se despir ao máximo de seus conceitos preestabelecidos ao começar a ouvir a mensagem de alguém.

Algumas disposições corporais também são importantes para ouvir bem. É im-

> **RALPH G. NICHOLS**
>
> Fundador e membro vitalício da Associação Internacional de Audição. Foi professor de retórica na University of Minnesota e presidente do Departamento de Retórica da mesma universidade. Escreveu *Listening is good business*, entre outros livros e artigos.

portante apresentar um movimento corporal apropriado, que indique uma postura aberta para quem fala. O mesmo vale para um bom contato "olho no olho", o que demonstra que se está atento para o que se fala. Manter-se a uma boa distância da pessoa que fala também é desejável.

Assim, ouvir é uma atividade fundamental não só no mundo organizacional, mas em todas as áreas da vida. Uma pessoa que sabe ouvir toma decisões melhor, estimula conversas melhor, fala melhor enfim, consegue vivenciar com maior profundidade o fenômeno comunicativo.

Capítulo 3

Liderança, poder, política e confiança nas organizações públicas

Neste capítulo discutimos dois temas básicos. O papel das lideranças dentro das organizações públicas e o contexto político no qual essas organizações estão inseridas. A forma com a qual a liderança é exercida afeta diretamente a efetividade e a eficiência dos trabalhos realizados pelas organizações. Além disso, o exercício da liderança organizacional deve ser analisado à luz das relações de poder nas quais as atividades organizacionais são realizadas. É de fundamental importância o reconhecimento que a administração pública é definitivamente uma esfera de ação do político e da política.

A liderança é um tópico fundamental para as organizações, pois a figura dos líderes é importante. São eles que tomam a frente das organizações na hora de colher os louros pelo sucesso e são eles que servem de ponto de sustentação nos momentos de fracasso. Mas, afinal, em que consiste a liderança? O que significa ser um líder?

> **CONCEITO-CHAVE**
>
> Liderança, em uma definição estrita, é a habilidade desenvolvida por uma pessoa de influenciar o comportamento dos demais. Um líder é alguém visto pelos outros como digno de ser seguido, pois seu poder de influência convence e faz ganhar a confiança de outras pessoas.

Essas definições são simples e não abarcam toda a complexidade que envolve a liderança. Existem muitas variáveis que podem influenciar a existência ou não da liderança: os relacionamentos entre indivíduos hierarquicamente superiores com seus subordinados, o meio ambiente, o apelo carismático, o currículo, a fama, a história pessoal, a aparência, são todos fatores que possuem impacto nas atividades organizacionais. Portanto, a discussão sobre o papel e os efeitos das diferentes formas de se exercer liderança é inquestionavelmente um debate assaz complexo.

Existem três correntes teóricas principais que discutiram o tema da liderança nas organizações públicas:

- *The trait approach.*
- *The behavioral approach.*
- *The situational (contingency) approach.*

Essas correntes teóricas oferecem um panorama a respeito dos estudos sobre a liderança e permitem uma boa visualização de suas diferentes modalidades e da importância do assunto.

> **CONCEITO-CHAVE**
>
> A teoria do *trait approach* ("características do líder") é a mais direta. Ela compreende estudos de valores como a integridade e a sociabilidade. Da mesma maneira, abarca considerações acerca da *expertise* do líder. Ela procura, em outras palavras, identificar as características que devem ser encontradas numa pessoa para que nela se identifique com a condição de líder. Para essa corrente a liderança envolve: controle, direção, preponderância, equilíbrio emocional, expectativa de crescimento, integridade, independência, senso interno de direção, probidade, originalidade, senso político; confiança, sociabilidade, compreensão, inteligência, articulação e expertise (Lord et al., 1986).

Os estudiosos da liderança do *trait approach* listaram tantas características que há certa dificuldade em se estabelecer quais são as mais importantes. Além disso, algumas são evidentemente intuitivas: parece óbvio, por exemplo, que um líder deve ser confiante e inteligente. Cabe destacar que nem todas as características podem ser efetivas em todos os momentos; há situações em que uma das características citadas pode representar até uma perda de efetividade dentro da organização: uma forte expectativa de crescimento pode fazer com que o líder cometa sérios erros ou, simplesmente, deixe de lado características como equilíbrio e senso político, o que vem mostrar que as características da liderança talvez tenham uma relação fraca, por si só, com a efetividade na organização. Surge, então, a teoria *the behavioral approach*.

O comportamento participativo foi estudado por Lewin, Lippitt e White (1939), que apontaram três tipos de modelos comportamentais de um líder: o estilo autoritário,

> **CONCEITO-CHAVE**
>
> Os estudiosos da teoria do *behavioral approach* não ignoram os estudos da teoria do *trait approach*, mas adicionam o aspecto comportamental do líder para a efetividade do exercício da liderança. Características como probidade, integridade e sociabilidade são importantíssimas, mas apenas ganham relevo e efetividade quando são analisadas de acordo com o comportamento do líder. Para essa teoria, basicamente três tipos de comportamento são analisados:
>
> - participativo;
> - voltado para os objetivos e para as pessoas;
> - instrumental.

o associado ao *laissez-faire* e o democrático. Lewin, Coch e French (1948) concluíram que o comportamento democrático era superior aos demais para a efetividade da organização. Para diversos autores, em estudos produzidos a partir dos anos 1950, no Institute for Social Research da Universidade de Michigan, o estilo democrático é o mais associado à orientação do trabalho e o autoritário, à produção. Entre esses autores, Katz, Maccoby e Morse (1950) descobriram que os estilos autoritário e democrático podem estar presentes simultaneamente no líder. Estudos de Anderson (1959), por outro lado, mostraram não haver uma relação clara entre a liderança democrática e a melhor performance da organização.

Um estudo publicado por Slater e Bennis (1964), intitulado "Democracia é inevitável" e publicado na *Harvard Business Review*, sugeriu que a participação produz decisões consensuais e uma melhor comunicação. Os estudos de Michigan mostraram, mais tarde, que a participação conduz à satisfação, mas não necessariamente à produtividade.

As diversas variações no estudo do comportamento participativo receberam críticas semelhantes às do *trait approach*, pois, de acordo com o contexto, um estilo pode ser mais bem aceito que outro e, consequentemente, ser mais efetivo, mais satisfatório e levar a uma maior produtividade.

O comportamento voltado para os objetivos e para as pessoas (*tasks*/social) estuda a fusão dos comportamentos voltados para a produção e para o pessoal que trabalha na organização. O foco dessa alternativa, estudada pela Universidade de Ohio, eram duas dimensões comportamentais da liderança: (1) confiança e respeito pelas ideias dos subordinados, a fim de facilitar a comunicação entre líder e subordinado; (2) estruturas, planos iniciais, tabelas, módulos de desenvolvimento, avaliação e outros instrumentos para estruturar os objetivos dos trabalhos (Stogdill, 1948; Stogdill e Coons, 1957).

ROBERT R. BLAKE

Doutor em psicologia pela University of Texas, em Austin, onde lecionou por 17 anos. É coautor da *Teoria do grid gerencial* com a dr. Jane Mouton. Juntos, também fundaram a Scientific Methods, Inc., atualmente chamada de Grid International, Inc. Sua teoria inovadora inclui uma aplicação empírica do comportamento humano que provoca verdadeira mudança e promove a excelência nas organizações e nos indivíduos. Coautor de mais de 40 livros, centenas de artigos e conferencista nas universidades de Harvard, Oxford e Cambridge, foi consultor de governantes, indústrias e universidades em 40 países por quase quatro décadas, sendo eleito para o Human Resources Hall of Fame em 1982 e escolhido autor laureado de gerenciamento em 1992.

JANE S. MOUTON

Doutora em psicologia pela University of Texas, em Austin, onde lecionou Social Science Research. Lá trabalhou com o dr. Robert Blake, com quem desenvolveu a Management Grid Theory, em 1964. Posteriormente, foi vice-presidente e cofundadora da Scientific Methods, Inc. – atualmente chamada de Grid International, Inc. Coautora de mais de 40 livros.

PAUL HERSEY

Cientista comportamental, criador da técnica denominada liderança situacional, uma das mais notáveis técnicas de gestão de pessoas, que vem sendo usada no treinamento de milhares de gerentes há mais de três décadas. Fundador e atual *chairman* do Center for Leadership Studies, na Califórnia, onde orientou o desenvolvimento das lideranças de mais de mil empresas de grande porte em mais de 150 países. Autor do popular livro *The situational leader*. Foi professor e *chairman* do Departamento de Management na Ohio University, de 1966 a 1975, ano em que abandonou o cargo para dedicar-se a seu centro de liderança, uma das maiores organizações de treinamento do planeta.

KENNETH BLANCHARD

Presidente da Blanchard Training and Development, empresa de treinamento e consultoria gerencial, e professor da Cornell University. Respeitado em todo o mundo – seus 16 livros já foram traduzidos para 22 idiomas e venderam mais de 11 milhões de exemplares, sendo mais de 400 mil somente no Brasil –, é autor de vários *best-sellers*, como *O gerente minuto*, além de ter escrito, juntamente com John P. Carlos e Alan Randolph, *Empowerment exige mais do que um minuto*.

Pesquisas mais recentes, como a de Davis e Luthans (1984), argumentam que a liderança não se dá sempre na relação face a face, mas também na estruturação do ambiente de trabalho de acordo com os objetivos da organização, influenciando as performances dos demais membros.

Robert Blake e Jane Mouton (1964, 1966) identificaram cinco estilos distintos de liderança que provocam impacto na relação entre organização/produção e organização/satisfação das pessoas: (1) *impoverished management style* (empobrecido); (2) *country club style* (estilo clube de campo); (3) *authority orientation style* (orientação autoritária); (4) *middle of the road style* (estilo médio, central); (5) *team style* (equipe).

Para os autores, o *team style* é o que mais consegue relacionar de maneira efetiva a produção à satisfação na organização. O estilo com pior efetividade é o *impoverished management style,* seja em relação à produção ou em relação à satisfação. O estilo que consegue uma maior efetividade na produção é o *authority style*; não obstante, tem um desempenho muito ruim em relação à satisfação. Do outro lado do caminho está o *country club style*, que possui um alto desempenho em relação à satisfação, mas um baixíssimo nível de produção. O estilo de maior equilíbrio é o *middle of the road* simplesmente porque atinge uma média entre produção e satisfação, embora não implique alta efetividade.

CONCEITO-CHAVE

Hersey e Blanchard (1966; 1977; 1979) desenvolveram a teoria do ciclo de vida da liderança (*the life cycle theory of leadership*). Em poucas palavras, em uma nova organização, o líder precisa enfatizar logo de início a estrutura e a direção para depois dar maior atenção ao empreendimento. Em outro estágio de maturidade organizacional, o líder deve começar a delegar funções estruturais e concentrar suas forças na construção de uma equipe. Dessa maneira, a organização vai caminhando para a maturidade e buscando conciliar as pessoas com seus objetivos.

Como qualquer corrente, as teorias do comportamento voltadas para os objetivos e para as pessoas receberam suas críticas. Entre os críticos, destacam-se:

Comparação entre os críticos das teorias do comportamento voltadas para os objetivos e para as pessoas			
críticos	Fleischman e D. R. Peters (1962); Likewise e Korman (1966)	Kanter (1977)	Young e Norris (1988)
críticas	Os autores observaram que falta efetividade real na harmonização entre objetivos e pessoal.	O autor discorda dos que afirmam que os homens conseguem maior efetividade na estrutura e nos objetivos e as mulheres, na relação pessoal.	Os autores denunciam que a liderança, nas organizações públicas, pode ser prejudicada pelas eleições, pois uma eventual mudança de orientação política é sempre uma ameaça ao trabalho dos gerentes.

FRED FIEDLER

Psicólogo nascido em Viena, em 1922. Desenvolveu seu interesse por psicologia ainda na adolescência, com a leitura dos livros de seu pai sobre o assunto. Em 1942, Fiedler se inscreveu no curso de engenharia na Universidade de Michigan, mas viu que não era seu campo. De 1950 a 1969, trabalhou na Universidade de Illinois, onde iniciou e dirigiu o grupo de pesquisa laboratorial. Em 1969, Fiedler foi para a Universidade de Washington, onde permaneceu até sua aposentadoria em 1993. Recebeu muitos prêmios e gratificações. Entre eles, podemos destacar os da Associação Americana de Psicologia: por orientações nas pesquisas, em 1971, e por contribuições à psicologia militar, em 1978. Nesse mesmo ano, recebeu também o prêmio Stogdill.

A terceira grande teoria sobre a liderança, *the situational (contingency) approach*, rejeita as noções centrais das outras duas teorias, ou seja, as de que: (1) a boa liderança está diretamente relacionada à existência de certas características do líder ou (2) à sua atitude comportamental (*tasks*/social). A teoria da contingência situacional procura examinar as situações complexas em que a liderança costuma ser exercida.

> **CONCEITO-CHAVE**
>
> A mais conhecida teoria contingencial da liderança é a popularizada nos estudos de Fred E. Fiedler (1976) (Fiedler e Chemers, 1974; Fiedler e Mahar, 1979). O modelo de Fiedler, a partir de características e modelos comportamentais, especifica que grupos de *output* são também dependentes do modo como o líder controla e influencia uma situação de acordo com as contingências favoráveis e as desfavoráveis.
>
> Ele identificou três situações variáveis na liderança – as relações entre líderes e membros; o nível de estruturação da organização; a força da autoridade do líder – e relatou que a liderança centrada nos objetivos é associada à efetividade organizacional quando as três variáveis são muito favoráveis. Para outras situações, uma saída melhor seria um meio-termo; ou seja, a ênfase na estrutura é apropriada em uma situação altamente favorável de contingências, pois, nesses casos, as pessoas sentem menos necessidade de participação ou manifestação. Todavia, em situações de contingências não favoráveis, é mais adequado, simplesmente, seguir na direção já atingida, na busca de objetivos, sem maiores mudanças estruturais. As situações não favoráveis não permitem uma base segura para a ação do líder.

Muitas críticas foram feitas ao modelo de Fiedler. Autores disseram que ele nada mais fez do que organizar em seus estudos percepções do senso comum. Líderes cuja maré é favorável, pois tudo caminha a seu favor, conseguem, obviamente, atingir melhor nível de efetividade. Líderes envolvidos em situações desfavoráveis estão claramente sujeitos a um ambiente tendente ao caos e ao desequilíbrio, o que exige uma maior ênfase na força direcionada aos objetivos.

Dessa maneira, apenas em uma situação de meio-termo, de equilíbrio entre as contingências favoráveis e desfavoráveis, o líder poderia dar maior ênfase às questões de relacionamento em busca de maior efetividade. L. Peters, Hartke e Polhmann (1985) afirmam que o modelo de Fiedler perde toda sua capacidade de previsão quando define as situações de meio-termo.

Ainda dentro das teorias contingenciais, há o modelo de Vroom e Yetton (1973), que examinaram seis estilos principais de liderança, podendo ser reunidos em três grupos:
- autocrático;
- consultivo;
- democrático.

Em termos de efetividade, o modelo sugere que "o autocrático é o mais efetivo dos três e o consultivo é mais efetivo que o democrático". Não obstante, os modelos democráticos tendem a ser os preferidos, segundo as sete regras de decisão listadas pelos autores: (1) "informação": se o líder conta com a informação e a experiência necessárias para resolver os problemas sozinho; (2) "confiança": se os subordinados podem ser considerados confiáveis para tomar decisões baseadas em objetivos e prioridades organizacionais; (3) "estrutura do problema": se o problema foi desestruturado para sustentar a decisão tomada; (4) "aprovação": se o desempenho do subordinado foi fundamental para a implementação de algo e mostrou que uma decisão autocrática não seria adequada; (5) "conflito": se as consequências de um conflito entre os membros da equipe tiveram um papel fundamental na tomada de decisão; (6) "equidade": se a aprovação foi fundamental, mesmo que a decisão não tenha sido importante; (7) "prioridade": se a aprovação foi fundamental e os subordinados, dignos de confiança. Essas sete regras tendem a favorecer soluções mais democráticas em determinadas situações.

O modelo de Vroom-Yetton, todavia, é considerado muito mais normativo do que empírico. No entanto, Vroom e Jago (1978) demonstraram que, em 181 casos decisórios, dois terços deles foram considerados bem-sucedidos quando os gerentes tomaram decisões conforme o modelo.

O modelo de Vroom-Yetton favorece um estilo participativo de liderança apenas

DARRELL D. HARTKE

Psicólogo industrial e organizacional no St. Louis office of Aon Consulting. Coautor de *Fiedler's contigency theory of leadership: an application of the meta-analysis procedures of Schmidt and Hunter*.

ARTHUR G. JAGO

Professor de gestão. Formado pela Northwestern University e pela Yale University. Membro da Academy of Management, do Decision Sciences Institute, da American Psychological Association e da Society for Industrial Organizational Psychologists. Trabalha no Conselho Editorial do *Journal of Management*. Foi professor convidado na Johannes Kepler Universität e trabalhou na Baker Hughes Professorship of Business Administration da University of Houston.

Coautor de *The new leadership: managing participation in organizations* e de *The role of situation in leadership*.

CHARLES L. HUGHES

Presidente da Center for Values Research. Atuou como consultor de gestão empresarial para a IBM. Trabalhou com a Texas Instruments como diretor corporativo. Coautor de *Value systems analysis: an introduction* e *Choosing a leadership style*.

quando o contexto decisório o exige, assim como quando a aprovação dos demais funcionários é crucial para a implementação da decisão.

Para finalizar, convém destacar uma teoria que enfatiza os "valores administrativos" em relação aos "valores subordinados", desenvolvida por Flowers e Hughes (1978).

> **CONCEITO-CHAVE**
>
> Essa teoria considera seis valores básicos:
>
> (1) EXISTENCIAL — ênfase em: dignidade humana, autoestima, não conformismo, flexibilidade e abertura.
>
> (2) SOCIAL "CÊNTRICO" — ênfase na preocupação com: pessoas, harmonia, redução de conflitos e igualdade.
>
> (3) EGOCÊNTRICO — ênfase em: força, busca pelo poder, decisões, falta de confiança nos demais.
>
> (4) MANIPULADOR — ênfase em: competição, tomada de riscos, foco na produtividade, saber jogar.
>
> (5) CONFORMISTA — ênfase em: observância das regras, lealdade, consistência.
>
> (6) TRIBALÍSTICO — ênfase em: trabalho de equipe, ajuda mútua, obediência, performance.

Desses seis valores, três deles estão focados na preocupação com as pessoas: existencial, social "cêntrico" e egocêntrico; os outros três correspondem às dimensões de estrutura e objetivos organizacionais: manipulador, conformista e tribalístico. Para Flowers e Hughes, a efetividade dos vários estilos de liderança terá contingência na prevalência das orientações desses valores de acordo com o posicionamento das figuras subordinadas.

> **COMENTÁRIO**
>
> Como se pôde notar, existem várias teorias contingenciais que demonstram a extrema complexidade do estudo sobre a liderança. Há outras teorias que aqui não foram exploradas, mas que podem ser brevemente citadas, como as teorias da inteligência do líder (Csoka, 1974), do sistema de recompensas (French e Raven, 1959), da representação-relação (Dubin e outros, 1965) e do nível de decisão (Price, 1968), entre outras.

As teorias da contingência são tão complexas que, nas organizações públicas, em geral, uma posição pragmática e apenas situacional, quanto ao desenho da liderança, acaba por ser preferencialmente seguida. A dificuldade para compreender os resultados desses estudos costuma levar as organizações a adotar o que o senso comum considera mais adequado no que se refere à liderança. A participação como algo desejado, uma supervisão atenta e próxima vista para fazer a engrenagem da organização funcionar, a escolha de um líder com boas características, dentre outros. Por outro lado, se esses estudos ao menos servirem para alertar que o que funciona como boa liderança em uma situação específica pode ser uma péssima saída em outra, então os teóricos poderão oferecer uma grande contribuição para os estudos organizacionais em geral.

> **IVAN FILIPE DE ALMEIDA LOPES FERNANDES**
>
> Bacharel em relações internacionais e mestre em ciência política pela Universidade de São Paulo. Atualmente é pesquisador da mesma instituição e professor de relações internacionais nas Faculdades Metropolitanas Unidas. Atua nos temas processo decisório, grupos de interesse e política burocrática. Publicou o livro *Burocracia e política: a construção institucional da política comercial brasileira* e artigos que tratam das relações entre grupos de interesse, políticos e burocracia e como estas relações afetam o processo decisório do Poder Executivo.

Poder e processo decisório

O poder que uma organização pública é capaz de congregar para realizar suas funções é um tema de fundamental importância dentro da administração pública contemporânea.

Muitas vezes, o ambiente no qual a organização está inserida é conflituoso, mesmo que se considerem apenas os interesses divergentes existentes na estrutura administrativa do Poder Executivo. Fernandes (2011), por exemplo, analisou as consequências que o conflito das organizações públicas do Poder Executivo, com competências sobre temas da política comercial brasileira, trouxe para a desestabilização do arcabouço institucional dessa política. Algo assim ocorre porque existem várias organizações públicas que buscam não só aumentar sua influência sobre os processos decisórios, como também preservar as competências adquiridas ao longo do tempo. Desse modo, é necessário elaborar conceitos sobre o processo decisório nos quais as organizações públicas estão envolvidas e assentar as bases em que os poderes são utilizados por elas dentro dos processos decisórios.

Essas questões são de fundamental importância, pois as políticas públicas não podem ser efetivadas sem a transferência de um mínimo de discricionariedade para as organizações públicas.

Com a expansão das atividades do governo, parte das decisões começa a ser tomada fora das instituições políticas e passa para dentro dos corredores das organizações públicas. A administração torna-se um componente tão importante na estrutura do processo decisório quanto as instituições políticas (Peters, 1995; Rourke, 1979). Todavia, essa transferência de autoridade cria problemas normativos e práticos, e a magnitude destes passa a depender dos limites do controle político sobre as organizações públicas, bem como da habilidade dos indivíduos a serviço dessas organizações para atuar como uma força independente no processo decisório. A diferença entre uma questão administrativa e uma questão política é determinada apenas em relação a quem realmente está decidindo, e não em relação ao conteúdo da própria decisão (Meier, 1979).

KENNETH J. MEIER

Bacharel pela University of South Dakota, mestre e doutor em ciência política pela Syracuse University. Professor de ciência política na Texas A&M University, ocupando o título de Charles H. Gregory Chair in Liberal Arts. Professor de Gestão Pública na Cardiff Business School. Lecionou na Rice University, University of Oklahoma e University of Wisconsin–Madison. Foi professor de ciência política na University of Wisconsin–Milwaukee. Autor de *Regulation: politics, bureaucracy, and economics* e de *Politics and the bureaucracy: policymaking in the fourth branch of government*.

ROBERT DAHL

Professor emérito de ciência política da Universidade de Yale. Membro da Academia Nacional de Ciências, da Sociedade Americana de Psicologia e da Academia de Ciências e Artes. Entre suas obras, destacam-se: *Sobre a democracia*, *Análise política moderna* e *Poliarquia: participação e oposição*.

O processo de tomada de decisão é menos exposto e observável nas organizações públicas, mas, como decisões importantes também são tomadas nessas instituições, é necessário que sejam trazidos à tona seus efeitos sobre o sistema político e seus padrões (Peters, 1995). É clara a importância de se compreenderem as relações entre os políticos eleitos, que seriam os representantes da sociedade, os indivíduos que trabalham nas organizações públicas e as próprias organizações. Estas são algumas das chaves para se compreenderem os processos decisórios dentro dos Estados modernos e burocratizados.

O processo é caracterizado por conflito e barganha entre os múltiplos atores participantes que lutam pelo controle ou participação em um mesmo espaço político e pela jurisdição ou competências sobre esferas políticas, nas quais são capazes de produzir ou pelo menos induzir a criação de condições favoráveis para o desenvolvimento e satisfação de suas preferências, tanto no processo de formulação quanto na implantação de políticas (Fernandes, 2011). Para tal, é necessário definir o que é o poder de uma organização pública, uma vez que a questão do poder é pouco precisa, apesar de sua fundamental importância. Para Robert Dahl (Munck e Snyder, 2007) o conceito de poder é pouco trabalhado na atualidade, pois estudá-lo de uma maneira que seja considerada sólida e razoável do ponto de vista metodológico supera a capacidade de definição e mensuração existente.

> **CONCEITO-CHAVE**
>
> Em virtude dessas limitações, adota-se aqui a conceituação de Meier (1979) sobre o poder das organizações públicas. Para esse autor, o poder de uma organização pública está na habilidade da agência de alocar, de forma autônoma e impositiva, os recursos escassos da sociedade. Assim, a organização exerce o poder político por meio de sua capacidade de decidir, ou exercer influência, de acordo com seus próprios interesses e com o processo decisório, sobre quem ganha o que, quando e como.
>
> Dessa forma, o "poder" de uma organização pública pode ser definido como a capacidade de uma agência ou organização governamental de tomar decisões de forma autônoma ou influenciar decisões tomadas por outros atores políticos – decisões que interferem na vida em sociedade, como quem ganha e quem perde o que, quando e como –, provê-los com recursos ou impor-lhes despesas, regulações e sanções legais. Convém destacar que o impacto de tais medidas no sistema político e na sociedade é apoiado pelo poder coercitivo do Estado.
>
> A definição de poder burocrático adotada aqui toma por base a definição proposta por Lasswell e Kaplan (1979:111, com adaptações), segundo a qual o poder é "a participação no processo decisório". De acordo com esses autores, "G tem poder sobre H com relação aos valores K, se G participa das decisões que afetam as políticas de H relativas a K".

Qualquer análise do comportamento humano se defrontará com questões acerca do poder, sejam estas analisadas individualmente ou dentro de organizações. Desse modo, é importante que o conceito de "poder" e suas manifestações sejam elucidados, assim como suas fontes, determinadas. Nas palavras do cientista político italiano Mario Stoppino (2003:940):

> Um dos fenômenos mais difundidos na vida social é exatamente o do Poder. Pode-se dizer que não existe praticamente relação social na qual não esteja presente, de qualquer forma, a influência voluntária de um indivíduo ou de um grupo sobre o comportamento de outro indivíduo ou de outro grupo.

Existem duas grandes correntes em confronto na teoria política contemporânea que discutem a questão do poder e a relação deste com o processo decisório. Esse debate entre elitistas e pluralistas é um bom ponto de partida para o exame do conceito de poder. Isto porque elitistas e pluralistas discordam não apenas nas conclusões que esboçam sobre a distribuição de poder na sociedade contemporânea, mas também nos métodos que adotam para alcançar estas conclusões e nas definições sobre as quais constroem suas análises.

O poder como estrutura e controle sobre as decisões

Robert Dahl analisou a estrutura das decisões conflituosas tomadas na cidade de New Haven, um pequeno município do estado de Connecticut, nos Estados Unidos, no seu clássico livro *Quem governa? (Who governs?)*, no qual examinou se a cidade era comandada por uma oligarquia que controlava todos os focos de poder local ou por um pluralismo de grupos, no qual inúmeros e diferenciados grupos competiam entre si pelo controle das decisões. Com base em suas análises das decisões tomadas ao longo do período entre 1780 e 1950, o autor concluiu que New Haven havia, gradualmente, passado da oligarquia para o pluralismo. Com isso, Dahl desenvolveu o argumento que, nas sociedades pluralistas, as desigualdades na distribuição de recursos entre os grupos que detinham o poder eram não cumulativas e o poder não estava concentrado nas mãos de um único grupo, mas que, ao contrário, os recursos eram consideravelmente bem distribuídos por toda a população. Dito isto, Dahl concluiu que, em New Haven, o poder estava fragmentado entre os atores e as organizações da comunidade política.

CONCEITO-CHAVE

A argumentação de Dahl é fundamentada em uma definição de poder que foi desenvolvida em outras obras suas. Segundo essa definição, "A tem poder sobre B na medida em ele pode levar B a fazer algo que, de outra forma, B não faria" (1957:203, com adaptações).

Isso chama a atenção para o fato de que o poder envolve uma relação entre atores políticos, que podem ser indivíduos, grupos ou outras organizações, e deve ser estudado nos casos em que existem diferenças de preferências entre os atores envolvidos. Aqueles cujas preferências prevalecem em conflitos sobre questões-chave da política são os que exercem o poder em um sistema político; consequentemente, o estudioso do poder precisa analisar as decisões concretas que foram tomadas e envolveram atores com preferências diferentes.

As evidências e o argumento de Dahl iam de encontro à literatura elitista da década de 1950, sobretudo aos estudos de Floyd Hunter (1953) e C. Wright Mills (1956), que defendiam a tese de que, nos Estados Unidos, existia uma elite dominante que impedia práticas verdadeiramente democráticas e sugeriam que, por trás dos mecanismos representativos, uma mesma minoria teria consolidado sua permanência no poder. Essa corrente trata a estrutura de poder como se fosse algo estável ou, até mesmo, estático ao longo do tempo. As três categorias sociais que constituem a "elite do poder", na visão desses autores, estariam no poder desde o início da democracia norte-americana e não teriam data para sair (Testa, 2011).

Hunter analisou a distribuição de poder em Atlanta, a capital do estado da Geórgia, e concluiu que o controle do poder local repousava nas mãos de um pequeno grupo de "indivíduos-chave". Já Mills estudou a distribuição de poder nos Estados Unidos como um todo e afirmou que existia uma elite de poder composta por militares, corporações e agências do Estado. Dahl argumentou que os achados de Hunter e Mills eram insuficientes,

> **FLOYD HUNTER**
>
> Bacharel em ciência social e mestre em Administração de Serviço Social pela University of Chicago. Doutor em sociologia e antropologia pela University of North Carolina. Foi assistente social e administrador de trabalho social. Dirigiu as empresas de pesquisa Social Science Research e Development Corporation and Decision Data. Lecionou na Universidad de Chile.
>
> Autor de *Community organization: action and inaction* e de *Community power structure*.

pois tiravam conclusões a partir de dados inadequados. Para esse autor, os enfoques dados por Hunter ao exame de sustentação do poder de líderes locais e por Mills à identificação daqueles que estavam nas posições-chave das grandes organizações públicas e das corporações não testavam de maneira adequada a hipótese de existência de uma elite dominante.

Na visão de Dahl, seria necessário que o exame de evidências fosse além da análise das reputações e das posições dos indivíduos dentro das organizações, que considerasse as "decisões reais" tomadas e investigasse se as preferências de uma hipotética elite dominante seriam consistentemente adotadas no lugar das preferências de outros grupos. O autor chama a atenção para o fato de que o poder implica uma relação entre atores individuais e organizações, bem como enfatiza que só é possível estudá-lo em casos em que existem divergências, pois aqueles cujas preferências prevalecem em conflito são justamente os que exercem o poder em um sistema político; consequentemente, a análise sobre o poder em uma comunidade política deve ser feita com material empírico, no caso, as decisões em conflito (Ham e Hill, 1993).

> **C. WRIGHT MILLS**
>
> Sociólogo norte-americano. Mestre em artes, filosofia e sociologia pela Universidade do Texas e doutor em sociologia e antropologia pela Universidade de Wisconsin. Foi professor de sociologia nas universidades de Maryland e Columbia.
>
> Tornou-se conhecido por desenvolver uma teoria que criticava as duas principais correntes ideológicas do mundo ocidental, o capitalismo e o socialismo. Segundo Wright, ambas não estavam preparadas para as constantes mudanças sociais.

O poder como veto à tomada de decisão

A abordagem de Dahl sobre o poder também foi alvo de críticas. Entre elas destaca-se o ponto levantado por Bachrach e Baratz (1962), em que esses autores criticam de maneira bastante incisiva a metodologia de análise do poder focada em decisões controversas efetivamente tomadas. Bachrach e Baratz (1962:948, com adaptações) argumentam que a análise do poder não pode envolver apenas o exame das decisões tomadas: "O poder também é exercido quando devota suas energias a criar ou reforçar valores sociopolíticos e práticas institucionais que restringem o alcance do processo político à consideração pública de questões que são inócuas para A".

Bachrach e Baratz descrevem essa espécie de capacidade de veto do poder como "mobilização de opinião" (Schattschneider, 1960), um processo que confina a tomada de decisões a questões que são seguras aos grupos que detêm o poder, sugerindo, desse modo, que o poder tem duas faces: as decisões realizadas sobre temas conflituosos, de um lado, e a supressão de temas que ferem os interesses dos grupos poderosos, de outro, protegendo-os com o que Bachrach e Baratz denominam "não tomada de decisões".

Bachrach e Baratz sugerem que a metodologia de Dahl é inadequada porque reduz a capacidade de observar o poder de um grupo e enviesa a análise a fim de encontrar equilíbrio no uso do poder em um lugar onde não existe poder oligárquico. É bastante plausível a existência de uma comunidade política em conflito com questões superficiais que nunca leve ao processo decisório os temas que ferem a sua elite de poder. Desse modo, uma análise mais completa deve examinar tanto o que acontece quanto "o que não acontece" para revelar os meios pelos quais a "mobilização de opinião" atua a fim de limitar o escopo do debate. Bachrach e Baratz (1962:632, 642, com adaptações) definem a "não tomada de decisões" como:

> A prática de limitar o alcance real da tomada de decisões a questões "seguras" por meio da manipulação de instituições, procedimentos políticos, valores e mitos predominantes na comunidade. [Uma situação de "não tomada de decisões" existe] quando os valores predominantes, as regras do jogo aceitas, as relações de poder existentes entre grupos e os instrumentos de força, separados ou combinados, efetivamente impedem que certas reclamações se tornem questões maduras e exijam decisões.

A esse respeito, distinguem a não tomada de decisões de situações que negam a tomada de decisões, tais como a decisão de não agir e a decisão de não decidir. Em sua opinião, a não tomada de decisões difere desses outros fenômenos, pois, quando ela ocorre, as questões sequer se tornam temas sobre os quais se tenha que tomar decisões. As questões permanecem em um estado latente e não conseguem entrar no processo de tomada de decisões devido à influência da mobilização de opinião (Ham e Hill, 1993).

Em resposta às críticas dos pluralistas de que a hipótese de "não decidir" não era pesquisável (Merelman, 1968; Wolfinger, 1971), Bachrach e Baratz (1970) argumentaram que essa segunda face do poder atua para manter as demandas encobertas, o que pode ser comprovado por meio da identificação de reclamações encobertas e de conflitos que não entram na arena política. Afinal, se não há queixa ou conflito, há consenso; se há consenso, decisões são tomadas normalmente (Ham e Hill, 1993).

PETER BACHRACH

Professor em Southwest Harbor, é autor de uma série de obras em que defende a teoria elitista da democracia, segundo a qual a autodeterminação popular foi substituída pela competição entre elites, tendo os eleitores de optar por uma delas. Entre suas obras, merecem destaque: *The theory of democratic elitism* e *Power and poverty: theory and practice*. Também é muito conhecido seu artigo "Two faces of power", escrito com Morton Baratz e publicado na *The American Political Science Review* (Bachrach e Baratz, 1962:949).

Além do mais, Bachrach e Baratz (1970) elencam alguns tipos de não tomada de decisões, a saber: o uso da força para impedir que demandas cheguem ao processo político; a cooptação de grupos no âmbito de processos de tomada de decisões; regras ou procedimentos invocados para desviar contestações indesejáveis e regras e procedimentos existentes que podem ser reformulados como uma forma de bloquear reivindicações (Ham e Hill, 1993).

> **MORTON S. BARATZ**
>
> Professor da Yale University, além de coautor, com Peter Bachrach do famoso artigo "Two faces of power". Também é autor das obras *The Union and the coal industry* e *The American business system in transition*.

Por fim, atentam para o fato de que o poder também pode ser exercido por meio de reações antecipadas, isto é, um ator "A" pode ser dissuadido de perseguir suas preferências por antecipar uma reação desfavorável por parte de outro ator, "B". Reações antecipadas podem ocorrer quando um grupo da comunidade não consegue se mobilizar porque antecipa uma resposta desfavorável dos tomadores de decisão ou quando estes resolvem não agir devido à oposição de atores políticos mais importantes.

> **CONCEITO-CHAVE**
>
> A definição de poder de Bachrach e Baratz pode ser resumida em três critérios:
>
> 1) Para que um lado exerça influência e consiga fazer com que sua vontade sobrepuje à dos demais, é necessário que haja um conflito de interesses a fim de que o comportamento de um agente influencie o comportamento dos outros.
>
> 2) Diante de tal conflito, é necessário que um dos lados ceda para que se resolva o impasse entre os interesses do agente detentor de poder e os de outros agentes.
>
> 3) O lado que faz prevalecer sua vontade, em detrimento da dos demais, deve ter à sua disposição um instrumento de coerção.
>
> Qualquer uma dessas três condições isolada não encerra o conceito de "poder"; é necessária uma combinação das três para que este se configure (Testa, 2011).

A terceira dimensão do poder

O sociólogo Steven Lukes (1974) avança no debate sobre o conceito de poder ao chamar a atenção para o fato de as propostas de Dahl e de Bachrach e Baratz não levam em conta uma terceira e fundamental dimensão: o poder de modelar as preferências das pessoas sem que existam conflitos abertos e/ou encobertos. Ou seja, uma dimensão do poder concernente a um conflito latente. Para Lukes, uma situação de conflito latente é aquela que poderia tornar-se um conflito aberto caso os atores sobre os quais é exercido o poder tomassem consciência de seus próprios interesses, pois, com isso, a diferença entre as preferências destes e as daqueles que exercem o poder se explicitaria.

> **CONCEITO-CHAVE**
>
> Nesse contexto, Lukes define poder do seguinte modo: "A exerce poder sobre B quando A afeta B de um modo contrário aos interesses de B" (1974:27). Na visão do autor, a existência de um consenso não significa que o poder não esteja sendo exercido, pois o poder pode impedir os indivíduos submissos de perceber seus próprios interesses e induzi-los a aceitar seu papel na ordem vigente. Como o *status quo* é visto naturalmente, de maneira imutável, ou como fruto de ordem divina, esses indivíduos não conseguem ver alternativas, e a ausência de uma terceira opção simplesmente descarta a possibilidade de existir um consenso manipulado.

Lukes aponta que a ideia da "não tomada de decisão" é insuficiente por si só, pois não consegue prever a possibilidade de o poder ser usado para impedir o surgimento de conflitos encobertos e questões potencialmente emergentes. Na verdade, para o autor, o uso do poder seria mais efetivo e incisivo se prevenisse tais conflitos e impedisse que estes se manifestassem. Na opinião de Ham e Hill (1993), Bachrach e Baratz parecem ter reconhecido que o poder poderia ser utilizado desse modo em suas primeiras obras, mas foram forçados a mudar sua posição devido à crítica de que não era possível pesquisar a dimensão latente. Em consequência, acabaram reformulando sua metodologia e, com isso, aproximaram-na da proposta original de Dahl.

A abordagem de Lukes foi explorada por Walsh e colaboradores (1981). Esses autores, ao longo da análise do poder no interior de organizações, sublinharam a necessidade de se exami-

> **STEVEN MICHAEL LUKES**
>
> Teórico político e social. Bacharel e mestre em sociologia pela Oxford University. Professor de política e sociologia na New York University. Lecionou na Università di Siena, no European University Institute e na London School of Economics. Membro da Academia Britânica e professor visitante na Université de Paris, New York University, University of California, University of San Diego e Hebrew University. Foi pesquisador no Nuffield College e professor de política na Worcester College. Autor de *Power: a radical view* e de *Individualism*.

narem não apenas conflitos visíveis mas também o sistema de dominação, pois, segundo os estudos que patrocinaram, "o conjunto prevalecente de valores [...] funciona sistematicamente mediante sua expressão na organização e beneficia alguns indivíduos ou grupos em detrimento de outros" (Walsh e colaboradores, 1981:136, com adaptações).

Ou seja: segundo o argumento defendido por esses autores, aqueles cujos valores predominam dentro de uma organização não necessariamente vencem por intermédio de combates abertos. A conquista de vantagens está relacionada aos valores dominantes que operam como padrões ou critérios no cotidiano de uma organização.

De modo semelhante, um dos estudos sobre políticas de saúde demonstrou como o sistema de valores dominante nessa área favorece a profissão médica (Ham, 1982). A prevalência do modelo médico de "saúde e doença" vigente na área ajuda a manter a posição de poder dos médicos. Existem, de fato, outros valores e modelos de saúde, mas estes ficam em segundo plano em relação ao modelo médico. Como coloca Alford (1975), a profissão médica é o interesse estrutural dominante no campo da saúde; outros grupos são atacados ou reprimidos, mas a predominância dos médicos faz com que as questões sejam definidas de modo que os favoreça. Definições alternativas ou passam despercebidas ou são tão fracamente articuladas, que não representam um desafio sério. Dessa forma, o poder é exercido ainda que conflitos abertos possam não ocorrer.

Capítulo 4

Os recursos de poder das organizações públicas

Neste capítulo, estudaremos os recursos externos e internos que podem ser utilizados pelas organizações públicas. Por fim, abordaremos os estudos sobre a implementação e seu peso sobre o processo político, além de refletirmos sobre a representação externa da organização.

As organizações públicas detêm a informação e a *expertise* que os governos contemporâneos demandam para a efetivação de políticas públicas. As habilidades técnicas de tratar da informação, controlá-la e interpretá-la são a maior fonte de influência desse setor. Esse relativo monopólio sobre a informação pode ser traduzido em poder de diversas maneiras. Um argumento a favor disso está no fato de que as organizações públicas sabem mais sobre certas políticas e atividades públicas, o que facilita o controle sobre elas.

Em consonância com esse argumento, muitas vezes as instituições políticas representativas que estão em busca de meios de obter essa informação e essa *expertise* optam por delegar suas responsabilidades a organizações públicas, mas, em troca, estabelecem ali mecanismos de controle – diretos e indiretos.

Nesse perene embate entre os representantes do corpo político e os indivíduos que trabalham em organizações públicas, os esforços para minimizar os efeitos da assimetria de informações são constantes.

> **OSCAR ADOLFO SANCHEZ**
>
> Graduado em ciências sociais (1996), mestre em ciência política (2000) e doutor em ciência política (2005) pela Universidade de São Paulo (USP). Possui experiência na área de ciência política e administração pública, atuando principalmente nos seguintes temas: controles internos, governo eletrônico, corrupção, transparência administrativa e burocracia.

> Sanchez (2003) cita o exemplo do Governo Eletrônico do Estado de São Paulo, em que foram criados novos controles internos por meio do uso intensivo de Tecnologia da Informação (TI). O intuito dessa iniciativa era reduzir a assimetria de informações entre as organizações públicas e o governo eleito. Com isso, o núcleo político decisório se fortaleceu, pois obteve bom estoque de informações antes tratadas apenas nas organizações.

Outra maneira de diminuir essa assimetria é a criação de organizações paralelas, em uma espécie de competição com as já existentes. Assim, ou todas concorrem para a produção do mesmo tipo de informação ou competem entre si e criam fontes independentes, como centros de pesquisa autônomos.

Para que ocorra o exercício do poder organizacional dentro do processo político, torna-se necessário que a agência tenha acesso a recursos, sejam estes monetários, políticos, de pessoal ou de outra ordem. Tais recursos são fundamentais para que as agências possam tomar suas decisões, concretizá-las e influenciar as decisões de outros atores que também detenham poder no processo decisório.

A razão disso é que, quanto mais recursos obtidos, mais recursos transformados em políticas efetivas; e quanto mais políticas efetivas, mais poderosa a organização será. No entanto, o controle de recursos não é uma condição suficiente para que uma organização tenha poder; é necessário também que possa utilizá-los com autonomia, pois a organização deve ser capaz de tomar decisões de maneira independente e de acordo com seus próprios interesses (Fernandes, 2011).

A autonomia no uso dos recursos e os próprios recursos são as duas dimensões básicas do poder organizacional.

A autonomia de recursos e os próprios recursos são as duas dimensões básicas do poder organizacional. Em relação aos recursos que podem ser utilizados pela organização pública, existem dois tipos básicos:

- Os recursos externos.
- Os recursos internos.

Os recursos externos estão relacionados com a capacidade das agências em manobrar, de acordo com seus objetivos, a sua clientela política e seus *stakeholders*. Já os recursos internos são as características próprias e específicas da agência que interferem no controle da agência sobre certas políticas públicas. Isso porque as estratégias no uso dos recursos de poder das organizações públicas deve dar atenção à maneira como as especificidades do processo de implementação de políticas públicas impactam o equilíbrio de forças entre o corpo político e a organização pública.

Recursos externos

Entre os recursos externos que podem ser utilizados por uma agência, o apoio político e os recursos orçamentários são os mais importantes. Os recursos orçamentários podem, ao mesmo tempo, ser uma ferramenta de controle das organizações, por parte do corpo político, e de autonomia, sobretudo quando são estabelecidos cronogramas e planejamentos que aumentam os custos de se reverterem decisões já tomadas. A razão disso é que tais procedimentos atam as mãos do corpo político e, usualmente, ainda tomam como base as informações sobre as atividades das agências governamentais disponibilizadas pelo próprio corpo envolvido no processo.

> Higley, Brofoss e Groholt (1975) ilustram o papel que as organizações podem exercer no processo orçamentário com o exemplo do caso norueguês, no qual a formulação do orçamento nacional é feita por um grupo de servidores públicos que utilizam um complexo modelo teórico sobre a real economia norueguesa, sendo também os responsáveis pela coleta e pela análise dos dados que produzem esse modelo teórico. Após desenvolver um esboço do orçamento, esse grupo o submete a um comitê composto de servidores públicos e de representante do governo eleito, para que estes reformulem o rascunho e, finalmente, submete o produto final ao Parlamento. Segundo esses autores, embora os atores políticos possam alterar o esboço realizado pelos tecnocratas, as mudanças são marginais e se subordinam aos parâmetros gerais estabelecidos no complexo modelo teórico.

Além da questão orçamentária, o planejamento em si é uma ferramenta disponível para a expansão da influência das organizações públicas sobre o processo político, sobretudo quando são criados programas de planejamento público de longo prazo. Planos envolvem uma aplicação sistemática de conhecimento e são reconhecidos como um meio adequado de se efetivarem políticas públicas. Dada a legitimidade dessa ação, o próprio planejamento protege a escolha dos planejadores e o ônus da comprovação de uma política inadequada recai sobre aqueles que defendem o contrário daquilo que foi planejado. Os planos também são, muitas vezes, pouco inteligíveis para os leigos e mesmo para os políticos hierarquicamente superiores, que, supostamente, deveriam exercer o controle sobre as organizações públicas (Peters, 1995).

> **CONCEITO-CHAVE**
>
> O apoio político consiste no suporte relativo que grupos de interesse e atores políticos oferecem a uma organização pública; é, portanto, o equilíbrio relativo entre aqueles que a apoiam e seus opositores. Em outras palavras, trata-se de quanto apoio uma agência recebe, de quantas alianças promove, de quantas participa e de quantos opositores – na sociedade e no governo – se manifestam contra ela.

As organizações públicas competem entre si pelos recursos financeiros e pelo apoio de segmentos do legislativo, do executivo e de outros grupos de interesse ao mesmo tempo em que procuram interagir e cooperar, por meio de arranjos, com outras organizações que lhes sejam benéficas. O apoio político de uma organização pública na sociedade civil pode variar em duas situações distintas. Primeiro em relação ao escopo das atividades da agência, que pode variar de um apoio – ou oposição – difuso a todas as funções que exerce e ações que pratica, até o apoio – ou oposição – a algum programa específico. Na segunda situação há uma variação a respeito da extensão do apoio da opinião pública, que vai de um apoio difuso a um concentrado em clientelas específicas, coesas, comprometidas com as ações e os serviços realizados e dependentes destes (Fernandes, 2011).

Em relação à opinião pública, Meier (1979) observa que, embora o apoio difuso possa ser usado para extrair recursos de outras elites políticas, ele é volátil e pode mudar repentinamente. Uma organização pública que seja dependente dos caprichos da opinião pública pode construir sua fortaleza política em condições bastante precárias. Além disso, uma expansão rápida do interesse da opinião pública em relação a um tópico da área de atuação de uma agência não significa, necessariamente, um maior apoio a esta, pois a expansão da atenção difusa pode incluir uma preocupação com o modo com que a agência exerce suas atividades. Diante disso, a agência pode se encontrar sob um exame crítico que nunca antes havia experimentado e, na sequência, acabar sendo pressionada a mudar o ímpeto e a direção de suas decisões.

Por outro lado, no apoio de uma clientela coesa, organizada, consciente de seus objetivos, comprometida com a organização pública e com algum grau de fragmentação, que impeça que a agência dependa mais do grupo do que este dela, reside a melhor fonte de apoio para a organização. Os grupos para os quais uma agência provê benefícios tangíveis – a sua clientela – constituem, portanto, a base natural para a formação do apoio político externo e é com esses interesses, quando organizados, que as agências estabelecem as alianças mais sólidas.

> Fenno (1966, apud Meier 1979:61) demonstrou, ao estudar a definição dos orçamentos no Congresso norte-americano, que as organizações públicas com apoio vigoroso de sua clientela são capazes de aumentar continuamente seus recursos orçamentários e também são mais bem-sucedidas nas tentativas de evitar que seus orçamentos sejam cortados.

O grau de coesão da clientela e seu comprometimento com a agência afetam sua capacidade de obter recursos políticos desta última, pois a clientela coesa e organizada tem consciência dos seus interesses em torno dos benefícios tangíveis que recebe; por outro lado, o comprometimento desse grupo tem implicações quanto à sua disposição para arcar com os custos de defender os interesses da agência. Como o grau de comprometimento é tanto maior quanto mais dependente for o grupo dos benefícios tangíveis providos pela agência e quanto menos agências puderem provê-los, é essencial para qualquer agência obter o apoio de seu conjunto de *stakeholders*.

CONCEITO-CHAVE

Os *stakeholders* de uma agência são todos aqueles que são afetados, seja por meio da obtenção de benefícios, seja pela imposição de prejuízos, pelos programas por ela implementados.

O conjunto de *stakeholders* determina os recursos e o apoio político externo que a organização pública pode obter; para tal, dois fatores importantes não podem ser desconsiderados: o tamanho desse conjunto e o impacto que este pode exercer nas disputas eleitorais. Assim, quanto maior for o conjunto de *stakeholders*, mais facilmente suas demandas podem ser defendidas no processo decisório como sinônimo do interesse público (Fernandes, 2011).

O tempo é outra variável importante que conta a favor das organizações públicas quando em choque com os atores políticos. Enquanto estes estão no governo apenas durante o tempo determinado em lei, aquelas são mais duradouras, o que possibilita não só a existência de várias estratégias de longo prazo para as organizações públicas insatisfeitas com o comando político como também desafia esse comando com alguns problemas bastante difíceis de contornar.

> Foley (1975, apud Peters, 1995:214) observou esse fenômeno ao analisar o desenvolvimento dos programas comunitários em saúde mental nos Estados Unidos. As organizações envolvidas com essa política social específica esperaram um longo período entre a formulação e a implementação da reforma.

Recursos internos

CONCEITO-CHAVE

Os recursos internos constituem as características básicas do funcionamento de uma organização pública e são variáveis. Eles interferem de maneira direta na capacidade da agência de desenvolver um cenário dentro do processo de formulação de políticas que favoreça a promoção dos seus interesses. As três características internas fundamentais que interferem na capacidade da organização pública para produzir cenários políticos favoráveis são:

- O grau de conhecimento (*expertise*) específico exigido na execução de sua principal tarefa.
- O grau de coesão de seus profissionais.
- As especificidades dos processos de implementação de uma política pública.

A *expertise* de uma organização pública, isto é, sua capacidade de gerenciamento e produção do conhecimento, é uma fonte elementar de seu poder que afeta o processo de formulação e implementação de políticas públicas. O conhecimento é obtido por meio da informação coletada e pela *expertise*, que, por sua vez, é obtida com a captação de conhecimento existente no mundo externo, por meio da contratação de profissionais qualificados, ou formulada internamente com a execução contínua das tarefas sob sua responsabilidade por pessoal cujo treinamento é constante. A fonte primordial de obtenção de *expertise* é a própria natureza da organização.

Toda organização é criada com o objetivo de produzir resultados que a ação humana, individualmente, se mostra incapaz de fazer. As organizações conseguem produzir ações em um nível maior de complexidade, pois dividem um problema complexo em tarefas menores e mais gerenciáveis. Desse modo, elas são capazes de prover soluções para questões antes consideradas insolúveis por sua singularidade. A divisão das tarefas permite que os responsáveis pelas pequenas partes do processo se tornem especialistas e adquiram total controle ou, pelo menos, conhecimento específico e técnico sobre uma parcela do processo de produção de certa atividade.

Uma segunda fonte de *expertise* é a atenção concentrada e rotineira da organização pública para problemas específicos. O lidar diário com as mesmas rotinas e as mesmas questões oferece às agências um inestimável conhecimento prático e técnico, que, oriundo da experiência, se torna parte da memória institucional da organização e é transmitido para os novos membros por meio dos processos de formação e doutrinação burocráticos (Rourke, 1979).

São três os mecanismos de transformação do conhecimento em recurso de poder (Brewer, 2011):

- A capacidade de controle da informação transmitida aos políticos tomadores de decisão, que confere às organizações públicas a faculdade de informar apenas o que é de seu próprio interesse, sobretudo em áreas onde não há concorrência com outros atores, públicos ou privados, que produzem informação semelhante.
- A *expertise* de leitura, que proporciona às organizações públicas uma posição privilegiada na interpretação da informação, principalmente nos momentos em que a tomada rápida de decisão é fundamental ou naqueles em que outras fontes de informação estão ausentes, o que confere às organizações públicas um papel fundamental no processo decisório.
- A atenção exclusiva que devotam a certos problemas, o que dá a elas uma vantagem decisiva sobre os políticos, pois estes lidam com uma variedade extensa de problemas e enfrentam cada questão apenas em intervalos esporádicos, enquanto as organizações podem se concentrar em um único ou em uma série limitada de problemas.

O conhecimento especializado põe em vantagem aquele que o domina e influencia o processo decisório quando as informações coletadas não podem ser submetidas à refutação ou a uma verificação independente. Um controle quase monopolístico dos fatos proporciona um grande reforço de poder para a organização. Quando uma agência adquire o *status* de "competente" na operacionalização de certo problema, as informações por ela relatadas deixam de ser postas à prova e são aceitas como verdade por aqueles que tomam as decisões políticas.

Não se pode desconsiderar o fato de que muitas elites de organizações públicas são formadas por profissionais altamente qualificados em suas respectivas áreas de atuação. Estas agências altamente profissionalizadas ocupam posições privilegiadas dentro da estrutura da administração pública do Estado, sobretudo quando se trata da resolução de questões de alta complexidade técnica. Quando a agência goza de grande autonomia técnica, sua influência nos processos de barganha com outras unidades do governo é reforçada, sobretudo em sua relação com os atores políticos, que terão enormes dificuldades para refutar a opinião de um especialista, ainda mais quando as informações forem de monopólio dessa agência.

As habilidades especiais no gerenciamento do conhecimento são, para Weber, atributos específicos das burocracias que lhes conferem enorme influência no governo (Weber, apud Gerth e Mills, 1998:214, com adaptações):

> A razão definitiva para o avanço das organizações burocráticas foi sempre a sua maior superioridade técnica em relação a outras formas de organização. O mecanismo burocrático plenamente desenvolvido é comparado a outras formas de organização como as máquinas são comparadas a outros modos de produção não mecânicos. Como os modos de produção não mecânicos [...], em condições normais, a posição de poder de uma burocracia desenvolvida é sempre mais alta. O político se vê na posição de um amador diante de um especialista, o burocrata treinado que se põe na frente da gestão da administração.

Pode-se dizer, portanto, que o poder extraído da *expertise* deita suas raízes em quatro fatores (Rourke, 1979):

(1) As burocracias são organizações desenhadas para resolver problemas complexos ou produzir serviços complexos.

(2) Seus membros são especialistas nos assuntos de sua competência, seja pela repetição contínua dos procedimentos, seja pela contratação de profissionais qualificados.

(3) Sua posição no tratamento da informação é privilegiada.

(4) Sua atenção está diariamente voltada para assuntos específicos.

> **CONCEITO-CHAVE**
>
> Meier (1979) define coesão como o comprometimento dos membros da agência com a organização e seus ideais. Se a organização é dominada por membros que realmente acreditam nos seus objetivos, estes não cumprirão com suas obrigações simplesmente pela remuneração que lhes é outorgada, mas carregarão um sentimento de missão. A coesão torna a agência mais efetiva na realização de objetivos complexos, pois promove melhor performance de seus funcionários. Além disso, uma reputação de efetividade é um ativo político de vital importância para uma organização pública.

Uma característica interna de uma agência – que é de fundamental importância para a conformação de sua base de poder – é o grau de coesão de sua equipe.

Uma das causas da coesão de uma agência é o tipo de programa por ela realizado. Se o apelo desses programas motiva o apoio popular, a agência pode acabar atraindo pessoas qualificadas, pois, além de oferecer um emprego, também oferece uma identidade socialmente aceitável. Outra causa da coesão de uma agência é a criação de uma ideologia organizacional que sirva como um mapa interpretativo do mundo, conecte os membros aos objetivos da organização e crie um espírito de equipe dentro do organismo administrativo.

Esse espírito depende do desenvolvimento de uma ideologia e de um senso de missão, ambos funcionando como um método de promoção de apoio externo e como uma técnica para intensificar a lealdade dos funcionários (Rourke, 1979).

Estudos sobre implementação

As organizações também extraem suas forças a partir do peso da implementação de seus programas para o processo político. Fazer da decisão um conjunto de ações efetivas passa por uma variada gama de circunstâncias; normalmente, os escalões inferiores dos organogramas das organizações estão mais atentos à execução do devido processo – a ação de acordo com a legislação – do que aos objetivos em si da política. Outro fator relevante é a distância dos indivíduos dos centros organizacionais, pois, quanto maior ela for, maior será a sujeição do agente às pressões políticas de fora da organização.

> **MICHAEL LIPSKY**
>
> PhD em política pela Universidade de Princeton. Foi oficial sênior do Programa de Governança e Sociedade Civil da Fundação Ford e professor de ciência política no Instituto de Tecnologia de Massachusetts, onde lecionou em cursos de política pública, política americana e movimentos sociais. Autor de vários livros, entre eles: *Protest in city politics*, *street level bureaucracy: dilemmas of the individual in public service* e *Nonprofits for hire: The welfare state in the age of contracting*.

Os estudos a respeito da implementação de políticas tiveram a atenção voltada para análise do papel das organizações na produção das políticas públicas. Reconheceu-se que a análise das políticas públicas não poderia ignorar a importância da fase de implementação nem o papel do comportamento das organizações responsáveis por essa fase.

Os estudos a respeito da implementação de políticas estiveram bastante voltados a analisar o papel das organizações na produção das políticas públicas. Foi reconhecido que a análise das políticas públicas não poderia ignorar a importância da fase da implementação e o papel do comportamento das organizações responsáveis por ela. Foi constatado empírica e teoricamente que há um fenômeno de retroalimentação entre os desenhos de políticas formados pelos atores políticos e os constrangimentos, oportunidades e níveis de discrição encontrados pelas organizações (Friedman, 2006). As decisões do governo afetam as atividades das organizações assim como essas atividades afetam as decisões do governo ao reduzir o leque de alternativas disponíveis aos decisores políticos. De maneira mais geral, as políticas públicas são determinadas pela combinação das decisões dos governos e dos atos das organizações implementadoras.

CONCEITO-CHAVE

A primeira abordagem sistemática às formas de implementação de programas foi a abordagem "de alto para baixo (*top-down*)". De acordo com essa abordagem, as políticas são formuladas no topo e implementadas hierarquicamente.

Hood (1976) produziu um modelo ideal dessa abordagem ao caracterizar uma implementação perfeita: um sistema administrativo unitário que operava com uma linha única de comando e mostrava perfeitas comunicação e obediência. As contribuições posteriores observaram as discrepâncias entre os casos empíricos e o modelo ideal de Hood. Essa visão hierarquizada da implementação focou em estruturas como canais de comunicação e mecanismos de controle direto dentro das organizações. Com isso reconheceu-se que as organizações implementadoras precisavam de formas apropriadas de discricionariedade, mas com controle (Younis e Davidson, 1990; Sabatie, 1986, apud Friedman, 2006). Argumentou-se ainda que as formas de implementação, discrição e organização variavam segundo os tipos de política. Além disso, as relações entre os diferentes atores eram distintas devido às diferenças entre os tipos de política (Ripley e Franklin, 1982, apud Friedman, 2006).

Em relação à natureza da discrição de organizações implementadoras, a mais notável contribuição veio da análise *street-level bureaucrats*. De acordo com Lipsky (1980), as necessidades de alguns serviços são muito complexas para que se reduzam a algumas instruções precisas. Por isso, aos servidores públicos é dada uma discrição elevada para responder às circunstâncias únicas e individuais com que se defrontem durante a execução do serviço ou caso tais circunstâncias estejam subordinadas a regras contraditórias.

> **CONCEITO-CHAVE**
>
> Alguns estudiosos questionaram a abordagem "de cima para baixo" ao observarem que certas políticas são formuladas por um processo de mapeamento "para trás", em que a capacidade e os recursos das organizações públicas são avaliados em primeiro lugar a fim de se criarem programas para funcionamento no dia a dia. Essa abordagem ficou conhecida como análise de *bottom-up* (Elmore, apud Friedman, 2006).

Enquanto essas abordagens focaram a análise das relações por dentro da organização, estudos como os de Hanf (1978) enfatizaram as relações entre as organizações. Essa abordagem parte do pressuposto de que muitos programas governamentais são cumpridos por várias e diferentes organizações, cada uma com funções específicas e delimitadas e com responsabilidade de implementação de apenas parte da política. Por isso, é possível o eventual aparecimento de conflitos resultante da existência de interesses concorrentes entre essas organizações que atuam em conjunto. Dado que os conflitos são prováveis na presença de várias organizações, os mecanismos de relacionamento interorganizacionais para solucionar esses conflitos acabam por afetar o resultado final da política pública.

Stoker (1989), por sua vez, enfatizou a importância da cooperação e identificou distintos regimes de implementação com base nas possibilidades de cooperação. O autor também enfatizou o papel do sistema de comunicação, que conecta múltiplas organizações.

> **STEFAN ZWEIG**
>
> Romancista, poeta, dramaturgo, jornalista e biógrafo austríaco de origem judaica. Graduado em letras e doutor em filosofia pela Universidade de Viena. Publicou, entre diversos livros, *O êxtase da transformação* e *A cura através do espírito*.

Representação externa da organização

No romance *O êxtase da transformação*, Stefan Zweig (1987:7-9) descreve a experiência sensorial que uma pessoa pode ter ao visitar ou simplesmente utilizar uma agência pública dos correios em uma aldeia austríaca do início do século XX [sic]:

> Uma agência dos correios de uma aldeia pouco se diferencia das outras: quem viu uma conhece todas. Provenientes da mesma época de Francisco José, da mesma verba, guarnecidas, ou melhor, uniformizadas, com as mesmas modestas peças de mobiliário, em toda parte elas externam a mesma tristonha impressão de enfado burocrático, e até mesmo sob o alento das geleiras, nas mais afastadas aldeias montanhesas do Tirol, elas obstinadamente conservam aquele inconfundível cheiro de repartição pública da velha Áustria, de madeira antiga e papéis mofados. Em toda parte, a divisão do espaço é a mesma: em uma proporção rigorosamente prescrita, uma parede vertical de madeira com vidraças intercaladas divide a sala em parte de cá e parte de lá, uma acessível ao público, a outra aos funcionários. Logo se torna evidente que o Estado não se interessa por uma permanência prolongada de seus cidadãos na parte a eles acessível. O único móvel da sala pública é uma trêmula escrivaninha, das altas, timidamente encostada na parede, coberta por um encerado roto, escurecido por inúmeros pingos de tinta, embora ninguém possa lembrar-se de jamais ter encontrado dentro do tinteiro outra coisa a não ser uma pasta grossa e bolorenta, imprópria para escrever e, quando por acaso existe uma pena na canelura, pode-se confiar que está lascada e não serve para escrever. Não é só ao conforto que o frugal erário não dá valor, também à beleza: desde que, com a república, foi retirado o retrato de Francisco José, a única coisa que se pode considerar como decoração artística são os cartazes de cores berrantes nas paredes caiadas e sujas, que convidam para exposições há muito tempo encerradas, para a compra de bilhetes de loteria e, em algumas agências distraídas, até mesmo para a aquisição de apólices de guerra. Com essa decoração barata na parede, e sempre com o aviso de não fumar, que ninguém observa, esgota-se a generosidade do Estado na sala do público [...] diante da barreira erguida pelo erário esboroa-se a eterna lei da criação e destruição; enquanto lá fora, ao redor do prédio, árvores florescem e depois perdem as folhas, crianças crescem e anciões morrem, casas arruínam-se e depois ressurgem sob outras formas, a repartição demonstra seu poder reconhecidamente sobrenatural através de uma imutabilidade atemporal. Pois cada objeto dentro dessa esfera que se desgasta ou desaparece, que se transforma ou se arruína, é substituído por outro exemplar do tipo exatamente igual, por requerimento e atendimento da autoridade competente, e assim é dado à mutabilidade do restante do mundo um exemplo da superioridade do poder público. O conteúdo evapora, a forma permanece.

Na parede, há um calendário. Todos os dias é arrancada uma folha, sete vezes por semana, 30 por mês. Quando, no dia 31 de dezembro, o calendário está magro e acabado, é requisitado outro do mesmo formato, do mesmo tamanho, com a mesma impressão. O ano é outro, o calendário é o mesmo.

A representação externa da organização não é um tema simples. A complexidade não é exclusiva do mundo interno dos artefatos organizacionais. Assim como a própria representação do "eu" passa por inúmeras considerações e avaliações, a representação externa das organizações reflete um leque variado de circunstâncias, sensações e interpretações.

A ação humana é a atividade que corresponde à condição humana da pluralidade, à condição de habitabilidade do mundo, que é habitado não pelo homem, mas por homens e mulheres portadores de uma singularidade única – iguais porque humanos, mas radicalmente distintos e irrepetíveis. Desse modo, a pluralidade humana, mais que a infinita diversidade de todos os entes, é a paradoxal pluralidade de seres únicos. A ação corresponde à capacidade humana de desencadear o novo. O espaço adequado à sua manifestação, do qual ela depende para adquirir realidade, isto é, materializar-se, é o domínio público, que sempre demanda a presença de outros, do público constituído pelos pares do agente, e garante a realidade do mundo e a de cada pessoa.

Nesse contexto, a aparência constitui a realidade. Como o espaço público só abriga o que considera relevante, nem mesmo as experiências íntimas ou privadas mais intensas encontram guarida confortável nesse espaço, a menos que sejam transformadas, "desprivatizadas" e desindividualizadas (Arendt, 1958).

A realidade material é decisiva para a identidade coletiva de uma organização. Se a existência de uma consciência de "eu" que não busca confirmação no mundo externo é teoricamente admissível, a existência de um "eu" social que não é publicamente objetivado – em formas que sobrevivam às idas e vindas dos indivíduos e das gerações –, mas compreende uma visão compartilhada da realidade é conceitualmente impensável (Arendt, 1958).

Em uma organização, fins são perseguidos, energias são investidas e ideias são concretizadas em máquinas, produtos e lugares. As práticas, contudo, nunca são puras, vêm sempre acompanhadas de simbolismo, ações estéticas e impressivas. Ações e pensamentos são contingenciais, pois podem se perder – e

> **HANNAH ARENDT**
>
> Teórica política alemã, conhecida como a pensadora da liberdade. Sua maior obra, *Origens do totalitarismo*, trata de regimes totalitários instaurados no século XX. Foi aluna de Martin Heidegger e orientanda de Karl Jaspers. Por causa de sua origem judaica, foi presa no período do nazismo. Radicou-se nos Estados Unidos, onde lecionou em universidades até sua morte.

normalmente se perdem – no tempo, mas as coisas duram, as formas e as representações são mais estáveis e perenes. Toda paisagem mostra elementos cenográficos que foram construídos para a sensibilidade do olhar. A representação é o local do espaço em que a paisagem se mostra e se esconde, em que aparecem perfis, sequências e articulações. Assim, a representação é a configuração da metáfora visual real, é uma espécie de caricatura a estimular a interpretação de quem está alheio.

> Um prédio é compreendido como uma catedral por conta de suas representações. Um olhar apressado para o prédio não revela nada além do que sua simples construção de tijolos, cujo espaço interno, vazio, é preenchido por algo. Não são os tijolos que fazem de uma catedral uma catedral, não é a sua fundação nem o local onde está erguido; o que faz uma catedral ser uma catedral são seus símbolos e a cultura anterior ao sujeito que experimenta a percepção sensorial. Ou seja, se existem estátuas de santos, crucifixos, janelas com vitrais ornamentados de histórias bíblicas, nomes sagrados, há toda uma simbologia que transforma aquele mero edifício em uma catedral. Mas, muito mais do que a mera existência desses sinais, há uma cultura prévia ao "eu" que observa, que diz que aquele símbolo é uma cruz, que aquela figura humana esculpida na pedra é um santo, que aquela representação no vidro é uma passagem de um livro que deve ser previamente compreendido. O mesmo funcionamento representativo acontece para um edifício em que a presença de uma meia-lua indica ainda haver o sagrado, mas não mais o mesmo sagrado. Se toda essa simbologia e essa representatividade não pudessem ser compreendidas pelo "eu", seria impossível diferenciar uma catedral de um hospital, um ministério de um monastério.

Para Worth (1981), uma forma de ver é uma forma de escolher, combinar em imagens aspectos e fragmentos do real e, dessa maneira, expressar uma concepção de mundo e de papel no mundo. Worth entende que não é o mundo que apresenta uma ordem intrínseca ao olhar, mas, sim, é o olhar que projeta no mundo uma imagem de ordem. A comunicação visual envolve um compartilhamento de convenções entre aqueles que transmitem e aqueles que recebem a mensagem, ou seja, uma educação compartilhada do olhar. Além disso, o olhar não é nunca unívoco, ele comporta diferentes interpretações, pois está em constante tensão com o preconcebido adquirido pelo "eu" e por aquilo que é intrínseco ao próprio "eu".

Há uma enorme complexidade nas relações existentes entre ideias/conceitos, imagens/formas, identidade/estilo e sistemas de significados/de sensações. Para Gagliard (2009), a tradução de uma ideia em uma imagem – e vice-versa – compreende a passagem de uma ordem conceitual abstrata para uma ordem formal concreta, o que expressa uma relação lógica entre as representações da mente no que se refere às relações de elementos formalmente perceptíveis aos sentidos. Em uma imagem meramente visual, as relações são espaciais e cromáticas; em uma percepção auditiva, são relações temporais entre estímulos sonoros de diferentes tons e intensidade. Em todo sistema cultural, parece haver uma correspondência estrutural entre seus códigos ontológicos e seus códigos estéticos, isto é, entre os sistemas de crenças e valores e os padrões de relação/combinação entre elementos formais.

> **COMENTÁRIO**
>
> Existem vários estudos que buscaram explorar essa relação entre a correspondência ontológica e a estética, o que demonstra a importância do entrelaçamento entre ambas. Hauser (1952), por exemplo, estudou a conexão entre o estilo geométrico, a estabilidade das instituições e a autocracia das formas de governo na cultura do campesinato neolítico; Vernant (1969) estudou a relação entre a estruturação do espaço e a organização política na Grécia antiga; Panofsky (1974) estudou a relação entre a arquitetura gótica e a filosofia escolástica; De Maria (1973) investigou a relação entre futurismo italiano e fascismo; Croce (1924) afirmou que a fonte conceitual do fascismo poderia ser encontrada no futurismo e seus decantados valores de determinação, agressividade, sede pelo novo, rejeição da tradição, exaltação da força, modernidade e juventude.

Porque têm em mente toda a complexidade que envolve a representação, as organizações apresentam-se não só aos olhos como realidade tangível mas também a todas as formas possíveis de conhecimento sensorial. As capacidades associativas e reativas que as pessoas acumulam ao longo da vida formam um conjunto de padrões de classificação de estímulos perceptuais, interpretação desses estímulos e reação a estes. Gagliard (1990) chama de "mapas sensoriais" as percepções que podem ser obtidas, instintivamente, por processos intuitivos e imitativos na experiência do dia a dia. Weick (1979) chama de "mapas cognitivos" as percepções que podem ser apreendidas de modo consciente ou inconsciente, mas que são conhecidas.

A cultura corporativa é reconhecida não apenas por suas especificidades e seus valores, mas também pela experiência estética de seus artefatos formativos. Nas organizações privadas, em que o objetivo e a sobrevivência se resumem ao lucro, é difícil identificar o padrão central de sensibilidade, o agir valorizado. Já nas organizações públicas, em que o lucro não é o objetivo principal, a percepção do padrão central de sensibilidade está sujeita a outras variáveis culturais que não influenciam as organizações privadas.

Não há organização que não recorra à estética, uma vez que esta é um componente fundamental em toda experiência humana. A representação externa de uma organização não é somente uma maneira de apresentar-se à coletividade e inserir-se fisicamente nesta, mas é também a maneira como essa coletividade se comunica interna e externamente, como transmite seus valores e seus objetivos.

> Um exemplo interessantíssimo foi relatado por Gagliard (1989): com o objetivo de introduzir o valor do "serviço para o cliente", foi feito um amplo e massivo programa destinado a sensibilizar o *staff* de um banco. Assim, buscou-se analisar a percepção dos empregados, condicionada, diariamente, por meio de objetos físicos e estruturas, como a espessura das paredes, a imponência monumental da entrada, protegida integralmente por uma grade de ferro, os luxuosos carpetes e as tapeçarias nos gabinetes da administração. Esses elementos tinham por escopo provocar percepções de solidez, conforto e segurança, por um lado, e sentimentos de independência e superioridade em relação ao mundo exterior, por outro. Não foi, de acordo com o autor, um caso de sucesso; muito pelo contrário, foi um notável fracasso. As características com as quais o banco queria se apresentar à coletividade não surtiram o efeito desejado quando percebidas sensorialmente pelas pessoas.
>
> As organizações públicas não são representativamente congruentes em relação às organizações privadas; em outras palavras, a percepção das organizações públicas pela coletividade envolve a variável política, que não está presente nas organizações privadas. As primeiras sofrem as consequências da cultura política e recebem uma espécie de avaliação que vai além dos seus artefatos internos.

Segundo Dussault (1992), no ambiente sociopolítico as organizações de serviços públicos, por exemplo, dependem em maior grau do que as demais: seu quadro de funcionamento é regulado externamente à organização. As organizações públicas podem ter autonomia na direção dos seus negócios, mas, inicialmente, seu mandato vem do governo, seus objetivos são fixados por uma autoridade externa. Elas são, portanto, suscetíveis a:

a) projetos de curto prazo, nos quais cada governo privilegia aquilo que pode concluir no seu mandato para que possa usufruir do retorno político;

b) duplicação de projetos, quando cada governo inicia um novo e paralisa o anterior, muitas vezes, idêntico, apenas para reivindicar para si os louros políticos;

c) conflito de objetivos entre o corpo permanente e o corpo não permanente, que pode culminar em um déficit de desempenho dentro da própria organização;

d) administração amadora, quando pessoas sem a menor qualidade técnica, sem o menor conhecimento histórico e cultural do nicho em que se insere a organização são postas em cargos de chefia. Nesses casos, predominam as características políticas em detrimento das técnicas.

GILLES DUSSAULT

Pesquisador, professor e consultor especializado em administração de saúde e desenvolvimento de recursos humanos. Formado pela Laval University, no Canadá. Doutor pela University of London. Professor catedrático convidado da Unidade de Saúde Internacional e Bioestatística do Instituto de Higiene e Medicina Tropical, em Portugal. Exerceu funções de Senior Health Specialist do Instituto do Banco Mundial, em Washington. Foi professor e diretor do Departamento de Administração da Saúde da Universidade de Montreal. Foi professor visitante na Escola Nacional de Saúde Pública Sergio Arouca. Realizou diversos projetos de consultoria para agências de cooperação multilaterais e bilaterais. Colabora com comitês editoriais e grupos de trabalho internacionais como a Organização Mundial da Saúde e o Observatório Europeu dos Sistemas e Políticas de Saúde. Publicou "A gestão dos serviços públicos de saúde: características e exigências", entre outros artigos.

PEDRO PAULO CARBONE

Graduado em administração pela Universidade de São Paulo, especializado em marketing pela Universidade Federal do Rio de Janeiro, mestre em administração pública pela Fundação Getulio Vargas e doutor em economia de empresas pela Universidade Católica de Brasília. Atualmente é coordenador dos MBA de Gestão de Pessoas da FGV de Brasília e Goiânia. Funcionário aposentado do Banco do Brasil, exerceu várias funções gerenciais na área de gestão de pessoas, entre elas a Gerência Executiva de Educação Corporativa e a Diretoria de Gestão de Pessoas. Professor da FGV de Brasília e professor convidado do Centro Nacional de Superación Bancária de Havana, Cuba. Palestrante internacional, tem vários livros e artigos publicados nas áreas de gestão de pessoas e educação empresarial.

Carbone (1996) afirma que a característica da estabilidade do trabalhador nas organizações públicas brasileiras é outro fator complicador da avaliação. Em vez de se limitar apenas às carreiras em que se exerce o poder de Estado, a extensão da estabilidade a todos os servidores públicos gera um entendimento de que a incompetência, a desmotivação, a falta de disposição para o trabalho não podem ser punidas com a demissão, conforme definido em lei, e isso implica um forte aumento de ineficiência. Os funcionários desmotivados e desinteressados não se adequam às reais necessidades que o serviço público deles exige; inviabiliza-se, ao mesmo tempo, do quadro de trabalhadores às reais necessidades do serviço público, tanto no que se refere à quantidade quanto à especialização técnica, e inviabiliza, ao mesmo tempo, a implantação de um sistema de administração eficiente, baseado em incentivos e punições. Por outro lado, a falta de estabilidade poderia tornar inseguro cada membro da organização pública a cada nova eleição, o que implicaria sempre o temor da perda das funções e dos cargos ocupados por razões meramente políticas.

Além disso, as organizações públicas podem sofrer com as características apontadas por Carbone (2000), pois estas podem dificultar as mudanças exigidas em algum momento crítico. As características são:

a) O excessivo controle de procedimentos, que gera uma administração engessada, complicada e desfocada das necessidades do país e do contribuinte.

b) O excesso de autoritarismo e de centralização, que provoca verticalização da estrutura hierárquica e centralização do processo decisório.

c) A aversão ao comportamento empreendedor, que facilitaria a mudança do modelo de produção vigente.

d) O paternalismo, que promove alto controle da movimentação de pessoal e da distribuição de empregos, cargos e comissões, dentro da lógica dos interesses políticos dominantes.

e) O reformismo meramente político, em que há grave desconsideração dos avanços conquistados, com a descontinuidade administrativa, a perda de tecnologia e a desconfiança generalizada.

f) O corporativismo, que dificulta a mudança e a proteção à tecnocracia.

> **COMENTÁRIO**
>
> É importante salientar que os traços e as características da cultura organizacional não se aplicam, necessariamente, a todas as organizações públicas. Isso se deve ao fato de que existem várias organizações públicas que apresentam um modelo de gestão mais próximo ao das organizações privadas, com alto investimento em tecnologia e profissionalização.

> O desenho organizacional público no Brasil apresenta, normalmente, formas bastante complexas e níveis hierárquicos múltiplos, em uma estrutura que tende ao paternalismo e gera um alto controle de movimentação de pessoal e distribuição de empregos, cargos e comissões, dentro da lógica dos interesses políticos dominantes. Há estruturas altamente estáveis que resistem de forma generalizada a mudanças de procedimentos e implantação de novas tecnologias. A cultura da interferência político-administrativa pode ser caracterizada como predominantemente regida por um governo patrimonialista, burocrático e corporativo. É esta a cultura que orienta a gestão de inúmeras organizações públicas brasileiras.

Essa cultura torna burocráticas as organizações públicas tradicionais, que, além de complexas, com suas características centralizadoras e suas estruturas rígidas, não são orientadas para o atendimento das necessidades dos cidadãos. Não bastasse isso, difundem-se no setor público brasileiro inovações consideradas exitosas no setor empresarial, sem que se considerem os objetivos e os valores predominantes na administração pública. Assim, características como apego às regras e às rotinas, supervalorização da hierarquia, paternalismo nas relações e apego ao poder, entre outras, não podem ser desconsideradas, pois são importantes na definição dos processos internos, na relação com a inovação e a mudança, na formação dos valores e das crenças organizacionais e nas políticas de recursos humanos.

COMENTÁRIO

Cabe destacar que os traços da cultura das organizações públicas influenciam os trabalhadores. Eles tendem a permanecer em idêntica situação laboral, proporcionada pela burocracia estatal, cujos dirigentes são responsáveis perante uma autoridade externa que centraliza as decisões.

A cultura organizacional tende a perpetuar o próprio simbolismo; para isso, produz artefatos dotados de significado e processos que os evidenciem, como toda construção cultural longamente construída no tempo. Todavia, essa cultura pode ser modificada por meio de processos inovadores e criativos de construção social e política.

A mudança dessa estrutura cultural implica a mudança da percepção sensorial estética da organização, o que promove a mudança de representação externa da própria organização e altera descrições como a feita por Zweig (1987) sobre uma organização pública opressora, parada no tempo, eterna e ineficiente como no início do século XX.

Bibliografia

ALBRECHT, T. The role of communication in perception of organizational climate. *Communication Yearbook*, New Jersey, n. 3, p. 343-357, 1979.

ALFORD, R. *Health care politics*. Chicago: University of Chicago Press, 1975.

ANDERSON, R. C. Learning in discussions: a resume of the authoritarian-democratic studies. *Harvard Education Review*, Cambridge, n. 29, p. 201-215, 1959.

ARENDT, H. *Origens do totalitarismo*. Tradução de Roberto Raposo. São Paulo: Companhia das Letras, 1989.

ARGYRIS, C. Some characteristics of successful executives. *Personnel Journal*, s.l., p. 50-63, jun. 1955.

_____. Interpersonal barriers to decision making. *Harvard Business Review*, Cambridge, n. 44, p. 84-97, 1966.

ARNOLD, H. J. Effects of performance feedback and extrinsic reward upon high intrinsic motivation. *Organizational Behavior and Human Performance*, Philadelphia, v. 17, p. 275-288, 1976.

ATKINSON, J. W. *An introduction to motivation*. Princeton: Van Nostrand, 1964.

BACHRACH, P.; BARATZ, M. S. Two faces of power. *American Political Science Review*, Denton, n. 56, 1962.

_____. *Power and poverty*. Nova York: Oxford University Press, 1970.

BARNARD, I. *The funcions of the executive*. Cambridge: Cambridge University Press, 1938.

BASS, B. M. *Stoghill's handbook of leadership*. Nova York: Free Press, 1981.

BAUMGARTNER, F.; JONES, B. *Agendas and instability in American politics*. Chicago: University of Chicago Press, 1993.

BAUMGARTNER, Frank, et al. Essays on Policy Dynamics. *The ECPR Joint Sessions of Workshops on:'The Comparative Dynamics of Problem Framing'*. Nicosia: Cyprus, 2006.

BEHLING, O.; SCHRIESHEIM, C. *Organizational behavior*: theory, research and application. Boston: Allyn & Bacon, 1976.

BERLO, D. *The process of communication*: an introduction to theory and practice. New York: Holt, Rinehart and Winston, 1960.

BLAKE, R. R.; MOUTON, J. S. *The managerial grid*. Houston: Gulf Publishing, 1964.

_____. Some effects of managerial grid seminar training on union and management attitudes toward supervision. *The Journal of Applied Behavioral Science*, Arlington, n. 2, p. 387-400, 1966.

BRAYBROOKE, David; LINDBLOM, Charles Edward. *A strategy of decision*: Policy evaluation as a social process. New York: Free Press of Glencoe, 1963.

BREWER, G. A. Bureaucratic politics. In: RABIN, Jack; WACHLUS, Aaron (eds.). *Encyclopedia of public administration and public policy.* 2. ed. New York: Taylor & Francis, 2011.

BUCHANAN, B. Building organization commitment: the socialization of managers in work organizations. *Administrative Science Quarterly*, Ithaca, n. 22, p. 533-546, 1974.

BURKE, R. J.; WILCOX, D. S. Effecs of different patterns and degrees of openness in superior-subordinate communication on subordinate job satisfaction. *Academy of Management Journal*, Briarcliff Manor, n. 12, p. 319-326, 1969.

CARBONE, P. P. Os heróis do setor público: a teia cultural engolindo o empreendedor. *Revista Brasileira de Administração Pública* (RAP), v. 30, p. 93-102, 1996.

_____. Cultura organizacional no setor público brasileiro: desenvolvendo uma metodologia de gerenciamento da cultura. *Revista de Administração Pública*, Rio de Janeiro, v. 34, n. 2, p. 133-144, mar./abr. 2000.

CASADO, T. A motivação e o trabalho. In: FLEURY, M. T. L. *As pessoas na organização*. São Paulo: Editora Gente, 2002.

CHERNISS, S.; KANE, J. Public sector professionals: job characteristics satisfaction and aspirations for intrinsic fulfillment through work. *Human Relations*, Londres, v. 40, p. 125-136, 1987.

COCH, L.; FRENCH JUNIOR, J. R. P. Overcoming resistance to change. *Human Relations*, Londres, v.1, n.4, p. 512-532, 1948.

COELHO, M. P. C.; FUERTH, L. R. A influência da gestão por competências no desenvolvimento profissional. *Revista Cadernos de Administração*, São Paulo, ano 2, v. 1, n. 3, p. 1-13, jan./jun. 2009. Disponível em: <http://www.fsma.edu.br/cadernos/Artigos/Cadernos_3_artigo_5.pdf>. Acesso em: 25 jun. 2012.

COHEN, M. D.; MARCH, J. G.; OLSEN, J. P. A garbage can model of organizational choice. *Administrative Science Quarterly*, Ithaca, v. 17, n. 1, p. 1-25, 1972.

CONBOY, W. A. *Working together*: communication in a healthy organization. Columbus: Charles E. Merrill, 1976.

CROCE, B. Fatti politici e interpretazioni storiche. *La Stampa*, Bari, maio 1924.

CSOKA, L. S. A relationship between leader intelligence and leader rated effectiveness. *Journal of Applied Psychology*, East Lansing, MI, v. 59, n.1, p. 43-47, 1974.

DAHL, R. The concept of power. *Behavioural Science*, S.l., n. 2, jul. 1957.

DAVIS, T. R.; LUTHANS, F. Defining and researching leadership as a behavioral construct: an idiographic approach. *The Journal of Applied Behavioral Science*, Arlington, n. 20, p. 237-251, 1984.

DECI, E. L. *Intrinsic motivation*. Nova York: Plenum, 1975.

DE MARIA, L. *Per conoscere Marinetti e il futurismo*. Milano: Mondatori, 1973.

DOWNS, A. *Inside bureaucracy*. Boston: Little Brown, 1967.

DRUCKER, P. The coming of the new organization. *Harvard Business Review*, Boston, v. 66, n.1, p. 45-53, 1988.

DUBIN, R.; Homans, G. C.; Mann, F. C.; Miller, D. C. *Leadership and productivity*. San Francisco: Chandler, 1965.

DUSSAULT, G. A gestão dos serviços públicos de saúde: características e exigências. *Revista de Administração Pública*, Rio de Janeiro, v. 26, n. 2, p. 8-19, abr./jun. 1992.

EASTON, D. *A framework for political analysis*. Englewood Cliffs: Prentice Hall, 1965a.

_____. *A systems analysis of political life*. Nova York: John Wiley & Sons, 1965.

EISENBERG, E. M.; MONGE, P. R.; MILLER, K. I. Involvement in communication networks as a predictor of organizational commitment. *Human Communication Research*, Washington, DC, n. 10, p. 179-201, 1983.

ETZIONI, A. Mixed-scanning: a "third" approach to decision-making. *Public Administration Review*, Washington, DC, v. 27, n. 5, p. 385-392, 1967.

FENNO, Richard. *The power of the pursue*. Boston: Little Brown, 1966.

FERNANDES, I. F. de A. L. *Burocracia e política*: a construção institucional da política comercial brasileira. São Paulo: Biblioteca 24 horas, 2011.

FIEDLER, F. E.; CHEMERS, M. *Leadership and effective management*. Glenview: Scott, Foreman, 1974.

_____; The leadership game: matching the man to the situation. *Organizational Dynamics*, Philadelphia, v. 4, n. 3, p. 6-16, 1976.

_____; MAHAR, L. A field experiment violating contingency model leadership training. *Journal of Applied Psychology*, East Lansing, v. 6, n. 3, p. 247-254, 1979.

FLEISHMAN, E.; PETERS, D. R. Interpersonal values, leadership attitudes and management 'success'. *Personnel Psychology*, Malden, v. 15, n. 2, p. 127-143, 1962.

FLOWERS, V. S.; HUGHES, C. L. *Value system analysis*: theory and management application. Dallas: Center for Values Research, 1978.

FOLEY, H. A. *Community mental health programs*: the formative process. Lexington: Lexington Books, DC Heath, 1975.

FRENCH, J. R. P.; RAVEN, B. The bases of social power. In: CARTWRIGHT, D.; ZANDER, A. *Group dynamics*. New York: Harper & Row, 1959. p. 150-167.

FRIEDMAN, B. L. Policy analysis as organizational analysis. In: MORAN et al. (Ed.). *The Oxford handbook of public policy*. Oxford: Oxford University Press, 2006.

FRIEDMAN, M. *Capitalism and freedom*. Chicago: University of Chicago Press, 1962.

_____. *Free to choose*. Chicago: University of Chicago Press, 1980.

GALBRAITH, James K. *The Predator State: How Conservatives Abandoned The Free Market and Why Liberals Should Too*. New York: Free Press, 2008.

GEORGOPOULOS, B.; MAHONEY, G.; JONES, N. W. A path-goal approach to productivity. *Journal of Applied Psychology*, Washington, DC, n. 41, p. 345-153, 1957.

GERTH, H.H.; MILLS, C. Wright (tradutores e editores). *From Max Weber*: essays in sociology. The International Library of Sociology. Nova York: Routledge, 1998 (1. ed. de 1948).

GOLDHABER, G. M. *Organizational communication*. Dubuque: W. C. Brown, 1979.

GUYOT, J. F. Government bureaucrats are different. *Public Administration Review*, Malden, v. 29, n. 3, p. 195-202, 1960.

HAM, C. *Policy making in the National Health Service*. Londres: Macmillan, 1982.

_____; HILL, M. *The policy process in the modern capitalist state*. Londres: Prentice Hall, 1993.

HANF, K. Introduction. In: HANF, K.; SCHARPF, F. (Eds.). *Interorganizational policy making*. Londres: Sage, 1978. p. 1-15.

HARMON, M. "Decision" and "action" as contrasting perspectives. In: Organization Theory. *Public Administration Review*, Malden, MA, p. 144-150, mar./abr. 1989.

HAUSER, A. *The social history of art*. Nova York: Routledge, 1952.

HAYEK, F. *The road to serfdom*. Londres: George Routledge & Sons, 1944.

_____; et al. (Ed.). *Collectivist economic planning*: critical studies on the possibilities of socialism. Londres: George Routledge & Sons, 1935, v. X, 293 p.

HAYES, M. A. Non-verbal communication: expression without word. In: *Readings in Interpersonal and organization communication*, n. 3, Nova York: Holbrook Press, 1977.

HERSEY, P.; BLANCHARD, K. H. *Psicologia para administradores de empresas*: a utilização de recursos humanos. São Paulo: Pedagógica e Universitária, 1977.

_____. Life cycle theory of leadership. *Training and Development Journal*, S.l., p. 94-100, jun. 1979.

HERZBERG, F. et al. *Job attitudes*: review of research and opinion. Pittsburgh: Psychological Service of Pittsburgh, 1957.

_____. *Work and the nature of man*. Cleveland: World Publishing Company, 1966.

HIGLEY, John; BROFOSS, Karl Erik; GROHOLT, Knut. Top civil servants and the national budget in Norway. In: DORGAN, Mattei (Ed.). *The mandarins of western Europe*: political role of top civil servants. New York, Halstad: Sage Publications, 1975. 314pp.

HOOD, C. C. *The limits of administration*. Londres: Wiley, 1976.

HORNADAY, J. A.; BUNKER, C. S. The nature of the entrepreneur. *Personal Psychol*, S.l., n. 23, p. 47-54, 1970.

HULL, Clark L. The Conflicting Psychologies of Learning: A Way Out. *Psychological Review*, n. 42, p. 491-516, 1935.

_____. *Principles of behavior*. New York: Appleton-Century-Crofts, 1943.

HUNTER, F. *Community power structure*. Chapel Hill: University of North Carolina Press, 1953.

IMADA, A. D.; HAKEL, M. D. Influence of nonverbal communication and rater proximity on impressions and decisions in simulated employment interviews. *Journal of Applied Psychology*, Washington, DC, n. 62, p. 295-300, 1977.

JABLIN, F. M. Research priorities in organizational communication. *annual meeting of the Speech Communication Association*, Minneapolis, 1978.

JAMES, W. *Principles of psychology*. Nova York: Henry Holt, 1890.

JONES, B. D.; BAUMGARTNER, F. R. *The politics of attention*: how government prioritizes problems. Chicago: University of Chicago Press, 2005.

KANTER, R. M. *Men and women of the corporation*. Nova York: Basic Books, 1977.

KATZ, D.; KAHN, R. L. *Psicologia social das organizações*. São Paulo: Atlas, 1978.

KATZ, D.; MACCOBY, N.; MORSE, N. *Productivity, supervision and morale in an office situation*. Ann Arbor: Institute for Social Research, 1950.

KAUFMAN, H. *The forest ranger*: a study in administrative behavior. Baltimore: Johns Hopkins University Press, 1960.

KORMAN, A. K. Consideration, initiating structure and organization criteria: a review. *Personnel Psychology*, s.l. n. 19, p. 349-361, 1966.

LASSWELL, H.; KAPLAN, A. *Power and society*: a framework for political enquiry. New Heaven: Yale University Press, 1979.

LEE, Robert. *Public personnel systems*. Baltimore: University Park Press, 1979.

LEWIN, K. *A dynamic theory of personality*: selected papers of Kurt Lewin. Nova York: McGraw-Hill, 1935.

_____; LIPPITT, R.; WHITE, R. K. Patterns of aggressive behavior in experimentally created social climates. *The Journal of Social Psychology*, Milton Park, Abingdon, n. 10, p. 271-299, 1939.

LIKERT, R. *The human organization*. Nova York: McGraw-Hill, 1967.

LINDBLOM, Charles E. The science of muddling trough. *Public Administration Review*, vol. 19, n. 2, Spring 1959.

_____. *O processo de decisão política*. Brasília: Universidade de Brasília, 1980. (Série Pensamento Político).

LIPSKY, M. *Street-level bureaucracy*. Nova York: Russell Sage, 1980.

LOCKE, E. A.; CARTLEDGE, N.; KNERR, C. S. Studies of the relationship between satisfaction, goal-setting and performance. *Organizational Behavior and Human Performance*, Philadelphia, n. 4, p. 135-158, 1970.

LORD, R. G.; CHRISTY L. D.; ALLIGER, G. M. A meta-analysis of the relation between personality traits and leadership perceptions: an application of validity generalization procedures. *Journal of Applied Psychology*, Washington, DC, n. 71, p. 402-410, 1986.

LUKES, S. *Power*: a radical view. Londres: Macmillan, 1974.

LUTHANS, F. (Ed.). The contingency theory of management: a path out of the jungle. In: _____. *Contemporary readings in organization behavior*. Nova York: McGraw-Hill Book Company, 1972, p. 41-48.

MANNHEIM, K. *Liberdade, poder e planificação democrática*. São Paulo: Mestre Jou, 1950.

MASLOW, A. *Motivation and personality*. Nova York: Harper & Row, 1970.

McCLELLAND, D. C. *The human motivation*. Cambridge: Cambridge University Press, 1987.

McGOVERN, T. V.; TINSLEY, E. A.; Howard, E. Interviewer evaluations of interviewee non-verbal behavior. *Journal of Vocational Behavior*, Philadelphia, n. 13, p. 163-171, 1978.

McGREGOR, D. *The human side of enterprise*. Nova York: McGraw-Hill Book Company, 1960.

MEIER, Kenneth J. *Politics and the Bureaucracy*: Policymaking in the Fourth Branch of Government. North Scituate: Duxbury Press, 1979.

MEIER, K. J & BOHTE, J. *Politics and the bureaucracy*: policymaking in the fourth branch of government. 5. ed. Belmont: Wadsworth Publishing, 2006.

MERELMAN, R. M. On the neo-elitist critique of community power. *American Political Science Review*, Washington, DC, n. 62, 1968.

MILLS, C. J.; BOHANNON, W. E. Personality characteristics of effective state police officers. Journal of Applied Psychology, Washington, DC, v. 65, n. 6, p. 680-684, 1980.

MILLS, C. Wright. *The power elite*. Nova York: Oxford University Press, 1956.

MORGAN, C. T.; KING, R. A. *Introduction to psychology*. 3. ed. Nova York: McGraw-Hill, 1966.

MOTOWIDLO, S. J. Effects of traits and states subjective probability of task success and performance. *Motivations and Emotion*, Nova York, v. 4, n. 3, p. 247-262, 1980.

MUNCK, G.; SNYDER, R. *Passion, craft and method in comparative politics*. Baltimore: The Johns Hopkins University Press, 2007.

MYRDAL, Gunnar. *Beyond the welfare state*: economic planning and its international implications. New Haven: Yale University Press, 1960.

NICHOLS, R. G. Listening is good business. *Management of Personal Quarterly*, s.l., n. 2, p. 4, 1962.

NUTTIN, J. R. Pleasure and reward in human motivation and learning. In: BERLYNE, D. E.; MADSEN, K. B. (Eds.). *Pleasure, reward, preference*. Nova York: Academic Press, 1973. p. 243-274.

OUCHI, W. *Theory Z*: how American business can meet the Japanese challenge. Londres: Avon Books, 1982.

PANOFSKY, E. *Architecture gothique et pensée scolastique*. Paris: Editions Manuscript, 1991.

PETERS, G. *The politics of bureaucracy.* 4. ed. Londres: Longman Publishers, 1995.

PETERS, L.; HARTKE, D.; POHLMANN, J. Fiedler's contingency theory of leadership: an application of the meta-analysis procedures of Schmidt and Hunter. *Psychological Bulletin*, Washington, DC, n. 97, p. 274-285, 1985.

PINCUS, D. J. Communication satisfaction, job satisfaction and job performance. *Human Communication Journal*, s.l., v. 12, n. 3, p. 395-419, Spring 1986.

PORTER, L. W.; LAWLER, E. E. *Managerial attitudes and performance.* Homewood: Richard D. Irwin Inc., 1968.

_____; STEERS, R. M. Organizational, work, and personal factors in employee turnover and absenteeism. *Psychological Bulletin*, Washington, DC, v. 80, n. 2, p. 151-176, 1973.

_____. *Motivation and work behavior.* Nova York: McGraw-Hill Book Company, 1979.

PRICE, J. L. Organizational effectiveness. Homewood: Irwin Dorsey, 1968.

RITTEL, H.; WEBBER, M. Dilemmas in a general theory of planning. *Policy Sciences*. Amsterdam: Elsevier Scientific Publishing Company Inc., v. 4, p. 155-169, 1973.

ROETHLISBERGER, F. J.; DICKSON, W. J. *Management and the worker.* Cambridge: Harvard University Press, 1939.

ROTTER, J. B. *The development and applications of social learning theory.* Nova York: Praeger, 1982.

ROURKE, F. *Bureaucracy, politics and public policy.* Boston: Little Brown, 1979.

SANK, L. Effective and ineffective managerial traits obtained in naturalistic descriptions from executive menders from a super-corporation. *Personnel Psychology*, Malden, n. 19, p. 275-286, 1974.

SANCHEZ, O. A. O poder burocrático e o controle da informação. *Lua Nova – Revista de Cultura Política*, s.l., n. 58, 2003.

SCANLON, B. K. The contingency model of leadership: an extension to emergent leadership and leader's sex. *Organization Behavior and Human Performance*, Washington, DC, n. 21, p. 349-370, 1979.

SCHATTSCHNEIDER, E. E. *The semi-sovereign people.* Nova York: Holt, Rinehart and Winston, 1960.

SIMON, H. A study of decision-making processes in administrative organization. *The Free Press*, Nova York, n. X, 1947.

SKINNER, B. F. *About behaviorism.* Nova York: Vintage Books, 1976.

SLATER, P. E.; BENNIS, Warren G. Democracy is inevitable. *Harvard Business Review*, Cambridge, n. 2, p. 1-26, mar./abr. 1964.

SMITH, G.; MAY, D. The artificial debate between rationalist and incrementalist models of decision-making. *Policy and Politics*, s.l., v. 8, n. 2, 1980.

_____. The artificial debate between. *The Policy process: a reader,* 197, 1993.

SOUZA, Celina. Políticas públicas: uma revisão da literatura. *Sociologias*, 8.16, p. 20-45, 2006.

STAHL, O. G. *Public personnel administration*. Nova York: Harper and Row Publishers, 1983.

STOGDILL, R. M. *Handbook of leadership*. Nova York: Free Press, 1974.

STOKER, R. A regime framework for implementation analysis: cooperation and reconciliation of federalist imperatives. *Policy Studies Review*, s.l., v. 9, n. 1, p. 29-49, 1989.

STOPPINO, M. Poder. In: BOBBIO, N. MATTEUCI, Nicola; PASQUINO, G. (orgs.). *Dicionário de política*. Brasília: Universidade de Brasilia; São Paulo: Imprensa Oficial do Estado de São Paulo, 2003.

TAYLOR, F. W. *The principles of scientific management*. Nova York: Harper & Row, 1911.

TESTA, G. G. Poder, Estado e representação: contribuições da teoria política moderna. In: Congresso Nacional de Ciência Política, 10., 2011, Córdoba. Anais... Córdoba: Sociedade Argentina de Análise Política e Universidade Católica de Córdoba, jul. 2011.

THORNDIKE, E. L. *Animal intelligence*: experimental studies. New York: Hafner Publishing Company, 1965 (facsimile of 1911 edition).

TORTORIELLO, T. R.; BLATT, S. J.; DEWINE, S. *Communication in the organization*: an applied approach. Nova York: McGraw-Hill, 1978.

VASU, M.; STEWART, D. W.; GARSON, G. D. *Organizational behavior and public management*. 3. ed. Nova York: Marcel Dekker, 1998.

VERNANT, J. P. *Mythe et pensee chez les grecs*. Paris: Maspero, 1969.

VROOM, V. H. *Work and motivation*. Nova York: John Wiley and Sons, 1964.

_____. Can leaders learn to lead? *Organizational Dynamics*, Philadelphia, v. 4, n. 3, p. 17-28, 1976.

_____; JAGO, A. G. On the validity of the Vroom/Yetton model. *Journal of Applied Psychology*, n. 63, p. 151-162, 1978.

_____; YETTON, P. W. *Leadership and decision-making*. Pittsburgh: University of Pittsburg, 1973.

WALDO, D. *The study of public administration*. Nova York: Doubleday, 1955.

WALSH, K.; HININGS, R.; GREENWOOD, R.; RANSON, S. Power and advantage in organizations. *Organization Studies*, Londres, v. 2, n. 2, 1981.

WASHBURN, P. V.; HAKEL, M. D. Visual cues and verbal content as influences on impressions formed after simulated employment interviews. *Journal of Applied Psychology*, Washington, DC, n. 58, p. 137-141, 1973.

WEICK, Karl E. Enactment and organizing. *The social psychology of organizing*. New York: Random House, 1979.

WEINER, B. A cognitive (attribution)-emotion-action model of motivated behavior: an analysis of judgments of help-giving. *Journal of Personality and Social Psychology*, Washington, DC, n. 39, p. 186-200, 1980.

WEXLEY, K. H.; FUGITA, S. S.; MALONE, P. M. An applicant's nonverbal behavior and student-evaluator's judgments in a structured interview setting. *Psychological Reports*, Missoula, n. 36, p. 391-394, 1975.

WILSON, W. The study of administration. *Political Science Quarterly*, Nova York, n. 56, p. 481-506, 1887.

WOLFINGER, R. E. Nondecisions and the study of local politics. *American Political Science Review*, Washington, DC, n. 65, 1971.

WOODWORTH, R. S. *Dynamic Psychology*. Nova York: Arno Press, 1918.

WORTH, Sol. *Studying visual communication*. Larry P. Gross (ed.). Philadelphia: University of Pennsylvania Press, 1981.

YOUNG, F.; NORRIS, J. A. Leadership change and action: planning a case study. *Public Administration Review*, Malden, MA, n. 48, p. 564-570, 1988.

YOUNIS, Talib; DAVIDSON, Ian. The study of implementation. *Implementation in public policy*, 3-14, 1990.

ZALEZNIK, A. Managers and leaders: are they different? *Harvard Business Review*, Harvard, maio/jun. 1977.

ZWEIG, S. *O êxtase da transformação*. São Paulo: Schwarcz, 1987.

Sobre o autor

Gustavo Andrey de Almeida Lopes Fernandes é doutor em economia pela Universidade de São Paulo e professor do Departamento de Gestão Pública da Escola de Administração de Empresas de São Paulo da Fundação Getulio Vargas (Eaesp/FGV). Foi diretor da Escola de Contas Públicas do Tribunal de Contas do Estado de São Paulo, tendo participado de diversas comissões de concurso público. É pesquisador na área de políticas públicas, sendo especialista em desenho de mecanismos, especialmente aplicados na gestão de pessoal na esfera pública.

Impresso nas oficinas da
SERMOGRAF - ARTES GRÁFICAS E EDITORA LTDA.
Rua São Sebastião, 199 - Petrópolis - RJ
Tel.: (24)2237-3769